Arbeitsheft

mit Lösungen

Zentrale Klausur 2023

Einführungsphase gymnasiale Oberstufe

Nordrhein-Westfalen

Texte, Themen und Strukturen

Deutschbuch für die Oberstufe

Herausgegeben von
Andrea Wagener

Erarbeitet von
Christoph Fischer

Cornelsen

Mit den im Heft abgedruckten Lösungen können Sie Ihre Ergebnisse selbst überprüfen.

Einführung:
Wie Sie mit diesem Trainingsheft arbeiten können

Liebe Schülerin, lieber Schüler,

am 24. Mai 2023 zur ersten Unterrichtsstunde ist es so weit: Sie werden die zentrale Klausur Deutsch am Ende der Einführungsphase schreiben. Mit dem vorliegenden Trainingsheft können Sie sich darauf zeitnah und zuverlässig vorbereiten. Dabei üben, vertiefen und wiederholen Sie alle den Vorgaben des Schulministeriums entsprechenden Lerninhalte und Kompetenzen, die Sie für die erfolgreiche Teilnahme an der zentralen Klausur benötigen.

Was erwartet Sie in der Prüfung?

Vorgaben des Ministeriums für Schule und Bildung des Landes NRW Bezug zu den Inhaltsfeldern, inhaltlichen Schwerpunkten und Aufgabenarten des Kernlehrplans:		
Inhaltsfeld 2:	**Inhaltlicher Schwerpunkt:**	**Aufgabenart:**
Texte	Lyrik (Gedichte)	I – Typ A: Analyse eines literarischen Textes (ggf. mit weiterführendem Schreibauftrag)

Weitere Informationen finden Sie unter:
https://www.standardsicherung.schulministerium.nrw.de/cms/zentrale-klausuren-s-ii/uebersicht/uebersicht.php

Für die zentrale Klausur Deutsch gelten folgende Rahmenbedingungen:
- Sie werden in der Prüfung keine Auswahl haben: Sie bekommen ein **Gedicht**, das Sie interpretieren müssen (Aufgabe 1). Hinzu kommt ggf. ein **weiterführender Schreibauftrag** (Aufgabe 2).
- Sie werden für die Bearbeitung der Klausur **100 Minuten** (1 Stunde und 40 Minuten) Zeit haben.

Tipp **Zeitmanagement** 🕐

100 Minuten sind nicht lang. Es ist daher wichtig, dass Sie beim Schreiben der Klausur strukturiert und zeitökonomisch vorgehen:
- Unterstreichen Sie **wesentliche Aspekte der Aufgabenstellung** und haken Sie sie ab, wenn Sie diese bearbeitet haben.
- Erstellen Sie einen **Schreibplan** (► S. 22 und 28) und/oder eine **Checkliste** (► S. 23 und 29) und haken Sie auch hier die Aspekte ab, die Sie bearbeitet haben.
- Versuchen Sie, für die einzelnen Arbeitsphasen in etwa folgende Zeiten einzuhalten: **10 Minuten:** Gedicht lesen, unterstreichen, erneut lesen, Aufgabenstellung verstehen – **10 Minuten:** Konzeptarbeit für die Aufgaben – **70 Minuten:** Bearbeitung der Aufgaben – **10 Minuten:** Überarbeitung und Korrektur des eigenen Textes.
- Schreiben Sie vorher eine **Übungsklausur** unter „Echtzeitbedingungen“ (z. B. aus diesem Arbeitsheft). Finden Sie ggf. heraus, warum Ihnen an bestimmten Stellen Zeit fehlt.

Wie Sie mit dem Trainer arbeiten können

Grundlagenwissen: In Kapitel 1 können Sie sich wiederholend und vertiefend mit allen Aspekten der Interpretation von Gedichten beschäftigen. Dieses Wissen bietet die Grundlage für die folgenden Kapitel.
Übungsklausuren mit Lösungshinweisen: In Kapitel 2 und 3 führen wir Sie Schritt für Schritt durch die Bearbeitung von zwei Klausuren (Interpretation eines Gedichts mit weiterführendem Schreibauftrag). In zahlreichen Übungen trainieren Sie
- die Aufgabenstellung zu verstehen,
- ein erstes Textverständnis zu formulieren,
- das Gedicht zu interpretieren,
- einen Schreibplan zu erstellen und den eigenen Text zu formulieren sowie
- den eigenen Text zu überarbeiten.

Umschlagtexte: Hier können Sie sich in knapper Form über grundlegende Vorgehensweisen informieren, wie z. B. über die Schrittfolge einer Interpretation oder die Regeln des korrekten Zitierens.

Wir wünschen Ihnen viel Erfolg!

1 Grundlagen: Naturlyrik – Annäherung und Aspekte der Interpretation

1.1 Naturlyrik als Poetry-Slam-Beitrag

Florian Schreiber: **Natur ist …** (2018) – Auszug

Natur ist … geil.
Natur ist dieser Geruch in der Luft nach so 'nem richtig starken Sommergewitter.
Natur ist morgens früh zur Arbeit rausmüssen, aber dann glitzert der Raureif so schön unter den ersten Sonnenstrahlen und alles ist OK.
Natur ist einen ausgedehnten Spaziergang durch den Wald zu machen, ganz alleine – und man hört nichts außer seinen Atem und knirschende Schritte auf dem Boden.
Es ist mit seiner ganzen Familie im Sommer im Garten zu sitzen und Kuchen zu essen und dann taucht plötzlich 'ne Wespe auf und alle sind panisch und springen umher – nur du bleibst ruhig sitzen, als die gelbschwarze Freundin sich auf deinen Arm setzt, weil du weißt, dass sie dir nichts Böses will und wahrscheinlich mehr Angst vor dir hat, als du vor ihr. Und dann sticht sie dich, dieses Mistvieh!
Natur ist scheiße.
Natur sind Dornen und Brennnesseln, sind Tiere und Pflanzen, die geil aussehen, die du aber nicht essen kannst, weil du sonst draufgehst. Tollkirschen, Fliegenpilz, Kugelfisch – zack: Herzstillstand. […]
Aber dann fällt dir ein, dass du noch so sauleckere Pfirsiche dahast. Und ich mein nicht irgendwelche, ich mein so Weinbergpfirsiche: so süß und saftig, dass du deine eigene Familie gegen sie eintauschen würdest.
Natur ist geil. […]
Natur ist der Duft von frischgemähtem Gras und wildem Mohn – aber du kannst nichts riechen, weil mal wieder Pollensaison ist.
Natur ist scheiße.
Es ist im Winter 'ne halbe Stunde früher aufstehen zu müssen, weil du dein Auto noch freikratzen musst – und dann schimpfst du laut über die Natur und das Klima. […]
Ja, Natur ist scheiße – und Natur ist geil. Natur kann der Ast sein, gegen den du rennst, aber auch der Blätterboden, der dich sanft auffängt. Aber Natur ist vor allem eins: nicht selbstverständlich. Menschen neigen dazu, sich über die Dinge zu stellen, dabei sind wir doch Teil unserer Umwelt. Sie gehört uns nicht, sie ist nicht die Natur des Menschen – aber es gehört wohl zur Natur des Menschen, unsere Umwelt als selbstverständlich anzusehen. Dabei formen und verändern wir sie – vor allem mit unserer Bequemlichkeit. Wenn wir alle begreifen würden, dass es zwar 'ne nette Geste ist, wenn man auf Instagram traurige Umweltschutzvideos teilt, das aber am Zustand selbst nichts ändern wird, dann ist ein wichtiger Schritt getan. Die Natur rettet sich nicht von selbst. Man muss anfangen und was tun, seine Gewohnheitsmuster ändern, endlich mehr Energie in den Umweltschutz stecken […].
Denn obwohl Wespen stechen, sind wir uns am Ende des Tages doch einig: Natur ist scheißegeil! Und wir sollten dafür sorgen, dass das auch so bleibt.

1 Lesen Sie den Poetry-Slam-Beitrag. Probieren Sie verschiedene Vortragsweisen aus und wählen Sie eine davon für Ihren Vortrag vor der Klasse aus.

2 Markieren Sie wie bereits im Text vorgemacht in zwei verschiedenen Farben, welches Verhältnis der Sprecher zur Natur hat. Halten Sie Ihre Ergebnisse in Form eines Fazits schriftlich fest. Belegen Sie Ihre Aussagen mit Textstellen.

Der Sprecher hat ein gespaltenes Verhältnis zur Natur. Zum einen

3 a Der Titel des Poetry-Slam-Beitrags lautet „Natur ist …“. Halten Sie fest, wie Ihr Verhältnis zur Natur aussieht. Entnehmen Sie hierzu Wörter aus der Wolke und ergänzen Sie in einer Mindmap weitere Begriffe, die Sie persönlich mit Natur verbinden.

Zerstörung – Erholung – Rückzug – Gebrauch – Rückgang – Entfaltung – Mythos – Elemente – Formung – Entfremdung – Bedrohung – Geborgenheit – Stille – Faszination – Harmonie – Fremde – Gott – Idylle – Anpassung – Untergang – Wildnis – Einklang – Garten

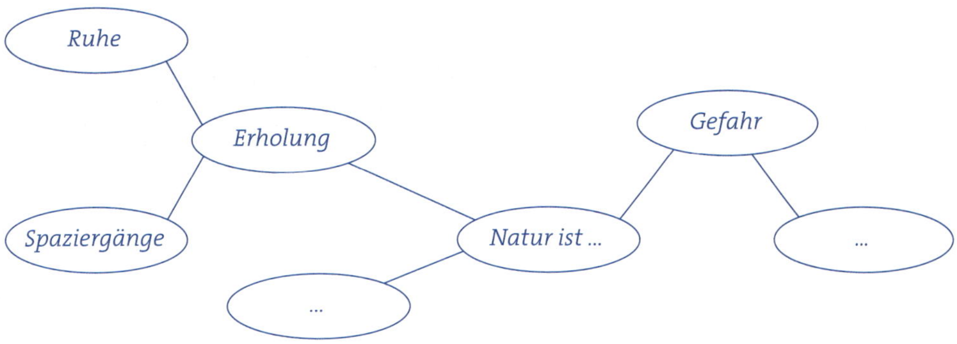

b Vergleichen Sie Ihre Mindmap mit denen Ihrer Mitschülerinnen und Mitschüler. Welche unterschiedlichen Beziehungen zur Natur werden dabei deutlich?

4 a Entwerfen Sie einen eigenen Poetry-Slam-Beitrag (▸ Information), in dem Sie Ihr persönliches Verhältnis zur Natur ausdrücken. Nutzen Sie hierfür thematisch einen Aspekt aus Ihrer Mindmap, den Sie in Ihrem Slam-Beitrag ausgestalten.

b Tragen Sie Ihren Poetry-Slam-Text vor. Achten Sie auf eine lebendige Vortragsweise.

5 Poetry Slam gehört zur Gattung Lyrik.

a Beschreiben Sie, inwiefern Poetry-Slam-Texte von klassischen Gedichten abweichen.

b Begründen Sie, warum Poetry Slam trotz seiner besonderen Merkmale der Gattung Lyrik zuzuordnen ist.

Info **Poetry Slam**

Poetry Slam ist ein Wettstreit zwischen meist jungen Poetinnen und Poeten, die ihre Texte in einer vorgegebenen Zeit ihrem Publikum vortragen. Das Publikum bewertet Inhalt und Art des Vortrags. Häufig greifen die Poetinnen und Poeten (auch: Slammer, Slampoeten) gesellschaftskritische Themen auf, die sie in ihren Texten verarbeiten, wie z. B. Verantwortung gegenüber der Natur, Fragen der Gerechtigkeit oder der Toleranz. Schreibanregungen für Poetry Slams können sein:

- **Klangeffekte:** Ein bestimmter Vokal oder Konsonant tritt auffallend häufig auf.
- **Erwartungshaltung stören:** Statt der erwartbaren Konsequenz einer Äußerung oder Handlung gibt es eine völlig unerwartete, überraschende Wendung, die häufig eine komische, manchmal auch selbstironische Wirkung erzielt, z. B.: *„weil du weißt, dass sie dir nichts Böses will (…) und dann sticht sie dich, dieses Mistvieh!“*
- **Variation:** Ein Vers wird ständig erweitert oder variiert, z. B.: *„Natur ist scheiße / Natur sind Dornen und …“*
- **Sprachexperiment:** Es wird eine stakkatohafte Sprache verwendet und es werden neue Wörter erfunden (Neologismen), ungewöhnliche Wortkombinationen verwendet, Satzteile ausgespart, einzelne Wörter aus dem Zusammenhang gelöst, Satzanfänge wiederholt (z. B.: *„Natur ist …“*).

1.2 Naturlyrik – Motive und Themen in Naturgedichten

(1) C. Lanre: **Gartenwüste** (2012)

Das Haus adrett gepflegt,
der Rasen kurz geschnitten,
kein Unkraut sich mehr regt,
die letzte Maus verblichen.

Der Buchsbaum pedikürt,
begaste Maulwurfshügel,
die Rose eingeschnürt
und Bienen ohne Flügel.

Ein fremdländischer Baum
mit abgesaugten Blättern.
Der Plastikgartenzaun
reizt nicht zum Drüberklettern.

(3) J. W. Goethe: **Gefunden** (1815)

Ich ging im Walde
So für mich hin,
Und nichts zu suchen,
Das war mein Sinn.

Im Schatten sah ich
Ein Blümchen stehn,
Wie Sterne leuchtend,
Wie Äuglein schön.

Ich wollt es brechen
Da sagt' es fein:
Soll ich zum Welken
Gebrochen sein?

Ich grub's mit allen
Den Würzlein aus,
Zum Garten trug ich's
Am hübschen Haus.

Und pflanzt es wieder
Am stillen Ort;
Nun zweigt es immer
Und blüht so fort.

(2) Alke Bolte: **Moor im November** (2010)

Tote Birkenstämme
wachsen aus leblosem Wasser
wie bleichende Knochen.
Verlorenen Seelen gleich
steigen Nebel
aus dunkler Erde auf.
Verschlingen die Sonne.
Bleich entfärbte Gräser
trauern. Tränken mit
tropfenden Tränen den Grund.
Zeit hält inne, erstarrt.
Leblose Stille erfüllt weiten Raum.
Nebel verschluckt die Grenze
zwischen Himmel und Erde.
Ewigkeit breitet sich aus.

(4) Theodor Storm: **Über die Heide** (1875)

Über die Heide hallet mein Schritt;
Dumpf aus der Erde wandert es mit.

Herbst ist gekommen, Frühling ist weit –
Gab es denn einmal selige Zeit?

Brauende Nebel geisten umher;
Schwarz ist das Kraut und der Himmel so leer.

Wär ich hier nur nicht gegangen im Mai!
Leben und Liebe – wie flog es vorbei!

1 Wählen Sie das Gedicht aus, das Sie am meisten anspricht. Begründen Sie Ihre Auswahl.

2 a Ordnen Sie die Bilder den Gedichten zu. Begründen Sie Ihre Meinung mit Textbelegen.
b Diskutieren Sie: Welchen der dargestellten Naturorte in den Bildern bevorzugen Sie?

3 Informieren Sie sich über die Begriffe Thema und Motiv (▸ Information).
a Ordnen Sie die Gedichte (1–4) dem passenden Motiv zu. Notieren Sie die richtigen Ziffern in die Kästchen. Begründen Sie Ihre Entscheidung schriftlich im Kursheft.

☐ Motiv der Erinnerung ☐ Motiv des Untergangs
☐ Motiv der Wiederauferstehung ☐ Motiv der Langeweile

b Notieren Sie, worum es thematisch in den Gedichten (1–4) geht.

(1) = gebändigte, angepasste Natur ...

Info **Thema und Motiv**

Im Gegensatz zum Inhalt meint das **Thema** eines Textes die übergeordneten, abstrakten Fragen, Ideen oder Probleme, um die es im Text insgesamt geht. Unter einem **Motiv** versteht man ein thematisches Element, das im Text selbst wiederholt auftritt oder einem Schema entspricht, das bereits in anderen literarischen Werken vorkommt, wie z. B. das Motiv der Dämmerung, des Liebesleids, der Naturerfahrung oder Naturzerstörung etc. Mit der Verwendung eines solchen Motivs stellen der/die Dichter/in oder der/die Leser/in Beziehungen zu anderen motivgleichen Texten her. Diese Beziehungen wirken sich auf den Aussagegehalt und das Verständnis der Texte aus.

4 Arbeiten Sie mit Hilfe der Information unten heraus, welche Aspekte der Natur in den Gedichten deutlich werden. Übertragen Sie die folgende Tabelle in Ihr Kursheft und notieren Sie weitere Aspekte:

Aspekt	Gedicht	Ausprägung
Natur als vom Menschen geschaffener Ort	*Lanre: Gartenwüste*	*Bearbeitete Natur wirkt künstlich*

Info **Naturlyrik**

Das Thema Natur ist neben dem Thema Liebe das am häufigsten auf lyrische Weise gestaltete Thema. Naturlyrik beinhaltet alle Gedichte, die Aspekte der Natur aufgreifen, darunter z. B. Landschaften, Gärten, Sonne, Mond, Wetter, Wald, Tiere, Wasser und immer wieder Tages- und Jahreszeiten. Das poetische Naturbild kann dabei von unterschiedlichen Aspekten geprägt sein, z. B.:
Lob und Betonung der Schönheit der Natur; Natur als Spiegel der Seele; Natur im Einklang mit dem Menschen; Natur als unbezähmbare Gewalt; Natur als Rückzugsort von der Zivilisation; Natur als vom Menschen geschaffener Ort; Natur als Ort der Vergänglichkeit, aber auch des Wiedererwachens; Natur als vom Menschen bedrohte Umwelt.
In der Regel wird das Verhältnis zwischen Mensch und Natur in lyrischen Texten anhand der individuellen Begegnung eines lyrischen Ichs mit der Natur oder mit einem Naturphänomen gestaltet. Je nach den historisch-gesellschaftlichen Bedingungen verändert sich die Einstellung zur Natur (▸ Naturlyrik in verschiedenen Epochen, S. 13).

1.3 Der Sprecher im Gedicht – Das lyrische Ich

Joseph von Eichendorff: **Schöne Fremde** (1835)

Es rauschen die Wipfel und schauern,
Als machten zu dieser Stund
Um die halbversunkenen Mauern
Die alten Götter die Rund.

Hier hinter den Myrtenbäumen[1]
In heimlich dämmernder Pracht,
Was sprichst du wirr wie in Träumen
Zu mir, fantastische Nacht?

Hinweis auf Aufenthaltsort

Es funkeln auf mich alle Sterne
Mit glühendem Liebesblick,
Es redet trunken die Ferne
Wie von künftigem, großem Glück!

1 **Myrte:** im Mittelmeergebiet verbreiteter immergrüner Strauch

1 Informieren Sie sich über den lyrischen Sprecher und das lyrische Ich (▶ Information). Unterstreichen Sie Textstellen, an denen der Sprecher des Gedichts auftaucht.

2 a Notieren Sie, in welcher Situation sich der Sprecher des Gedichts befindet. Beachten Sie hierzu auch Orts- und Zeitangaben.

Das lyrische Ich befindet sich in der Natur, nämlich ______________________

____

b Markieren Sie weitere Textstellen, an denen deutlich wird, wie das lyrische Ich die Natur wahrnimmt. Deuten Sie die Wirkung dieser Textstellen schriftlich in Ihrem Kursheft. Geben Sie Textbeispiele mit Versangaben an.

Das lyrische Ich nimmt die Natur in diesem Gedicht mit allen Sinnen wahr. Schon zu Beginn ...

3 Notieren Sie in Ihrem Kursheft, welcher der vorgeschlagenen Natur-Aspekte in dem Gedicht von Eichendorff aufgegriffen wird. Begründen Sie Ihre Meinung mit Textstellen.

Natur als Ort der Angst • Natur im Einklang mit dem lyrischen Ich • Natur als Ort der Einsamkeit

Info **Der lyrische Sprecher und das lyrische Ich**

Wie zu jedem Erzähltext ein Erzähler, so gehört zu jedem Gedicht ein **Sprecher** oder eine **Sprecherin,** der/die **nicht mit dem Autor oder der Autorin gleichzusetzen** ist. Dieser Sprecher kann die 1., 2. und 3. Person Singular oder Plural verwenden. Wählt er die Ich-Form, um seine **Gedanken, Gefühle und Beobachtungen** mitzuteilen, kann man von einem **lyrischen Ich** sprechen. In vielen Gedichten tritt der Sprecher gar nicht ausdrücklich in Erscheinung. Er ist dann als eine beobachtende, beschreibende, nachdenkende Instanz dennoch vorhanden.

1.4 Vers, Metrum, Reim, Kadenz – Formaler Aufbau des Gedichts

1 Informieren Sie sich über die formalen Aspekte des Gedichts (▶ Information). Fertigen Sie im Gedicht „Schöne Fremde" von Joseph von Eichendorff Notizen zur Reimform, zum Metrum und zu den Kadenzen an (▶ Methodenwissen S. 18).
Tipp: Zur Bestimmung des Metrums wählen Sie einen Vers mit vielen zweisilbigen Wörtern (z. B. V. 1). Prüfen Sie, ob diese auf der ersten Silbe betont sind: *rau-schen.* Testen Sie, ob der gewählte Vers insgesamt der metrischen Abfolge folgt, die diese Zweisilber vorgeben, und ob das Metrum dieses Verses auch für die anderen Verse gilt.

2 Benennen Sie die Reimform und das Metrum des Gedichts.

Reimform: ______________________ *Metrum:* ______________________

3 Beschreiben Sie die Wirkung des formalen Aufbaus in Bezug zum Inhalt. Begründen Sie, inwiefern die Stimmung des lyrischen Ichs auch durch formale Aspekte wie Reimform und Metrum verdeutlicht wird. Nutzen Sie hierfür die Wörter und Formulierungshilfen aus dem rechten Kasten und die Formulierungsbausteine unten. Führen Sie Textbelege an. Notieren Sie in Ihrem Kursheft.

unregelmäßig • regelmäßig • gleichmäßig • beschleunigend • beruhigend • harmonisch • man macht zwischendurch Pause • man macht keine Pause, sondern verbindet die Verse beim Lesen

Die formale Gestaltung des Gedichts unterstreicht die Stimmung des lyrischen Ichs. Durch das unregelmäßige Metrum ...

Formulierungsbausteine **Bezüge zwischen Inhalt, formalen und sprachlichen Mitteln herstellen**

Die Analyse formaler und sprachlicher Mittel ist kein Selbstzweck, sondern führt dann zu einem tieferen Textverständnis, wenn es gelingt, die lyrischen Gestaltungsmittel schlüssig mit inhaltlichen Aussagen zu verbinden. Dabei sind die Funktion und die Wirkung der formalen und sprachlichen Mittel im Einzelnen zu beschreiben. Um die Wirkung zu verdeutlichen, können Sie folgende Formulierungshilfen verwenden:
- *Der Vergleich / Die Metapher / Die Personifikation unterstreicht/veranschaulicht, dass ...*
- *Durch das sprachliche Mittel der ... wird besonders betont, dass ...*
- *Dem einheitlichen Metrum entspricht ... auf der inhaltlichen Ebene.*

Verknüpfungswörter: *dadurch, durch, damit, hierdurch, indem ...*
Verben: *verdeutlichen, veranschaulichen, unterstreichen, hervorheben, betonen ...*

4 Üben Sie einen Gedichtvortrag ein, der das Gefühl des lyrischen Ichs in der Natur zum Ausdruck bringt. Achten Sie dabei besonders auf die angemessene Wiedergabe des Rhythmus des Gedichts.

Info **Formaler Aufbau des Gedichts**

- Die **Verse** (= Zeilen) eines Gedichts können zu **Strophen** geordnet sein.
- Die Verse des Gedichts können sich reimen. Wechseln sich die **Reime** am Ende der Verse regelmäßig ab, entstehen **Reimformen,** z. B.: Paarreim (aabb), Kreuzreim (abab), umarmender Reim (abba).
- Die Verse können ein festes **Metrum** (Versmaß) aufweisen. Häufige Versmaße sind:
  - **Jambus** (steigend): xẋ xẋ ... z. B. *Gedicht, Gebot*
  - **Trochäus** (fallend): ẋx ẋx ẋx ... z. B. *Dichter, denken*
  - **Daktylus** (fallend): ẋxx ẋxx ... z. B. *Daktylus, Sonnenschein*
  - **Anapäst** (steigend): xxẋ xxẋ ... z. B. *Anapäst, Tradition*
- Die **Kadenz** (Silbenfall) am Versschluss kann unterschiedlich betont sein. Man unterscheidet:
  - **männliche/stumpfe Kadenz:** einsilbiger Reim, Vers endet mit Hebung *(... und fallend gießt)*
  - **weibliche/klingende Kadenz:** zweisilbiger Reim, Vers endet mit Hebung und Senkung *(... übersteigend)*
- Gedichte haben einen bestimmten **Rhythmus,** der vor allem durch das Metrum bestimmt wird, aber auch durch die Kadenzen, die Zeilensprünge oder die vom Metrum abweichende Betonung einzelner Wörter.

1.5 Sprachbilder und rhetorische Figuren – Stilmittel in Gedichten

Sarah Kirsch: **Im Sommer** (1976)

Dünnbesiedelt das Land. ——— *Ellipse:*
Trotz riesigen Feldern und Maschinen
liegen die Dörfer schläfrig
In Buchsbaumgärten; die Katzen
Trifft selten ein Steinwurf.

Im August fallen Sterne.
Im September bläst man die Jagd an.
Noch fliegt die Graugans, spaziert der Storch
Durch unvergiftete Wiesen. Ach, die Wolken
Wie Berge fliegen sie über die Wälder. ——— *Vergleich:*

Wenn man hier keine Zeitung hält
Ist die Welt in Ordnung.
In Pflaumenmuskesseln
Spiegelt sich schön das eigne Gesicht und
Feuerrot leuchten die Felder. ——— *Metapher: Hinweis auf Gefährdung ...*

1 a Lesen Sie das Gedicht „Im Sommer" von Sarah Kirsch. Kreuzen Sie an, welche Themen zu dem Gedicht passen.

A ☐ Das Gedicht beschreibt eine Landschaft, in die der Mensch zu sehr eingegriffen hat.
B ☐ Das Gedicht beschreibt eine Welt, in der der Mensch keine Orientierung finden kann.
C ☐ Das Gedicht beschreibt eine Welt, die abseits äußerer Einflüsse harmonisch erscheint.
D ☐ Das Gedicht thematisiert die Wahrnehmung eines lyrischen Ichs, welches sich wohlfühlt.

b Begründen Sie Ihre Entscheidung im Kursheft. Beziehen Sie sich dabei auf den Text.

2 Fassen Sie die einzelnen Strophen des Gedichts in Ihrem Kursheft zusammen.

Das Gedicht lässt sich in drei ... In der ersten Strophe ... Anschließend ... Die dritte Strophe ...

3 a Unterstreichen Sie farbig, wie das lyrische Ich Natur und Landschaft beschreibt.
b Erklären Sie mit Textbelegen, inwiefern Gegensätze zur Natur in dem Gedicht deutlich werden.

4 Prüfen Sie, ob Sie einer der folgenden Deutungen zu Vers 8–9 zustimmen können.
Kreuzen Sie an und begründen Sie am Text oder formulieren Sie eine eigene Deutung in Ihrem Kursheft.

A ☐ Die Verse mahnen, dass der Mensch zum Schutz der Natur nicht zu sehr in diese eingreifen sollte.
B ☐ Die Verse beschreiben besonders die Freude des lyrischen Ichs an der intakten Natur.

5 Markieren Sie mit Hilfe der Hinweise in der Information weitere Sprachbilder und rhetorische Figuren. Vervollständigen Sie anschließend die Tabelle in Ihrem Kursheft.

Untersuchungsaspekt	Beschreibung	Funktion/Wirkung
Sprachbilder	*Personifikation:* *Metapher:* *Vergleich:*	
Wortwahl	*Neologismen: „Buchsbaumgärten“* *Adjektive: „schläfrig“*	*Verdeutlichung der Kultivierung der Natur*
Klangliche Mittel	*Interjektion:*	
Satz- und Versbau	*Ellipse:* *Parallelismus:* *Enjambement:*	

6 Formulieren Sie in Ihrem Kursheft zu jedem Sprachbild einen Satz, in dem Sie das sprachliche Mittel benennen und dessen Wirkung erläutern. Nutzen Sie hierzu die Formulierungshilfen aus dem Wortspeicher (► S. 9) sowie die Hinweise in der Information (► Dreischritt S. 21).

Im Gedicht „Im Sommer“ von Sarah Kirsch werden verschiedene sprachliche Mittel verwendet, die die inhaltliche Darstellung der Natur sowie der Landschaft unterstreichen. Die Verwendung der Ellipse ...

Info **Sprachliche Mittel**

Sprachbilder
- **Vergleich:** Zwei verschiedene Gegenstände oder Bereiche werden durch ein Vergleichswort (z. B. *wie* oder *als ob*) miteinander verbunden, z. B.: *Wolken ziehen wie Berge*
- **Metapher:** Ein Wort wird in einer übertragenen (bildlichen) Bedeutung gebraucht, z. B.: *die Stürme des Lebens; ein Meer von Gefühlen*
- **Personifikation:** Sonderform der Metapher, bei der Gegenstände oder Bereiche vermenschlicht werden, z. B.: *Der Himmel weint.*

Wortwahl und klangliche Mittel
- **Alliteration:** Wiederholung des Anfangslauts bei Wörtern, z. B.: *dunkle Dinge*
- **Interjektion:** kurzer Ausruf, der meist Gefühle ausdrückt, z. B.: *ach!, oh!*
- **Neologismus:** Wortneuschöpfung, z. B.: *Lebenssturmträume*

Rhetorische Figuren
- **Rhetorische Frage:** Scheinfrage, auf die keine Antwort erwartet wird, z. B.: *Ist das dein Ernst?*
- **Oxymoron:** Verbindung zweier sich widersprechender Ausdrücke, z. B.: *stummer Schrei, schwarze Milch*

Satz- und Versbau
- **Anapher:** sich wiederholender Satz- oder Versanfang, z. B.: *Es funkeln auf mich ... / Es redet trunken ...*
- **Parallelismus:** gleicher, sich wiederholender Satzbau, z. B.: *Im August fallen Sterne. / Im September bläst man die Jagd an.*
- **Enjambement** (Zeilensprung): Ein Satz oder eine Sinneinheit geht über das Versende hinaus, z. B.: *Noch fliegt die Graugans, spaziert der Storch / Durch unvergiftete Wiesen.*
- **Ellipse:** unvollständiger Satz; Auslassung eines leicht ergänzbaren Wortes oder Satzteils, z. B.: *Wer (ist) da?*
- **Parataxe:** gleichrangige Aneinanderreihung von Wortgruppen oder Hauptsätzen, z. B.: *Der Acker leuchtet weiß und kalt. / Der Himmel ist einsam und ungeheuer.*

1.6 Naturlyrik in verschiedenen Epochen

Joseph von Eichendorff: **Frühlingsnacht** (1837)

Übern Garten durch die Lüfte
Hört ich Wandervögel ziehn,
Das bedeutet Frühlingsdüfte,
Unten fängt's schon an zu blühn.

Jauchzen möcht ich, möchte weinen,
Ist mir's doch, als könnt's nicht sein!
Alte Wunder wieder scheinen
Mit dem Mondesglanz herein.

Und der Mond, die Sterne sagen's,
Und in Träumen rauscht's der Hain,
Und die Nachtigallen schlagen's:
Sie ist deine, sie ist dein!

August Stramm: **Vorfrühling** (1915)

Pralle Wolken jagen sich in Pfützen
Aus frischen Leibesbrüchen schreien Halme Ströme
Die Schatten stehn erschöpft.
Auf kreischt die Luft
Im Kreisen, weht und heult und wälzt sich
Und Risse schlitzen jählings sich
Und narben
Am grauen Leib.
Das Schweigen tappet schwer herab
Und lastet!
Da rollt das Licht sich auf
Jäh gelb und springt
Und Flecken spritzen –
Verbleicht
Und
Pralle Wolken tummeln sich in Pfützen.

Theodor Fontane: **Mittag** (1876)

Am Waldessaume träumt die Föhre,
Am Himmel weiße Wölkchen nur,
Es ist so still, dass ich sie höre,
Die tiefe Stille der Natur.

Rings Sonnenschein auf Wies' und Wegen,
Die Wipfel stumm, kein Lüftchen wach,
Und doch, es klingt, als ström' ein Regen
Leis tönend auf das Blätterdach.

Nico Bleutge: **leichter sommer** (2002)

als läge noch eine schicht zwischen ihnen
und dem schmalen streif der küste
traten die wolken hervor, scharf ab-
geschnitten an der unteren kante, oben
ein faltiger riemen, in den die möwen kleine
löcher stanzten. beim nächsten aufschauen
hatte dunst die fläche aufgerauht und der wind
verfing sich in den drahtnetzen
knapp unterm wasserspiegel, die vögel
waren längst verschwunden, der himmel
hielt noch ein weilchen jene luft
die unter ihren flügeln rauschte

J. W. Goethe: **Maifest** (1771) – Auszug

Wie herrlich leuchtet
mir die Natur!
Wie glänzt die Sonne!
Wie lacht die Flur!
Es dringen Blüten
aus jedem Zweig
und tausend Stimmen
aus dem Gesträuch.

Und Freud und Wonne
aus jeder Brust.
O Erd, o Sonne!
O Glück, o Lust!
O Lieb, o Liebe!
So golden schön,
wie Morgenwolken
auf jenen Höhn!

1 Lesen Sie die verschiedenen Gedichte aus unterschiedlichen Epochen.
Tauschen Sie sich mit Ihren Mitschülerinnen und Mitschülern darüber aus, inwieweit inhaltliche oder formale Unterschiede bzw. Gemeinsamkeiten zwischen den Gedichten deutlich werden.

2 Lesen Sie die Informationen zu den verschiedenen Epochen. Ordnen Sie die Gedichte anschließend den Epochen zu (▸ Information S. 28). Begründen Sie Ihre Zuordnung im Kursheft.

Info **Naturlyrik in verschiedenen Epochen**

Sturm und Drang (1773–1784)

Im Gegensatz zur rational orientierten Aufklärung setzen die Stürmer und Dränger auf **sinnliche Erfahrung.** In radikalem Fühlen und leidenschaftlicher Selbstverwirklichung drückt sich die **Autonomie** (Selbstbestimmtheit) des Menschen aus. Daraus resultiert der Glaube an das freie Individuum, das in seiner schöpferischen Kraft einzigartig erscheint. **Der Mensch wird als unmittelbares Naturprodukt verstanden;** eine Trennung zwischen Ich und Umwelt wird genauso abgelehnt wie eine autoritäre Gottesvorstellung. **Schöpfer, Natur, Mensch und Gefühl gehören unmittelbar zusammen.** Dabei wird in der Lyrik dieser Epoche immer wieder ein Verständnis von Natur deutlich, in der der Mensch Gott als schöpferische Kraft fühlen und erfahren kann. Viele Gedichte dieser Zeit verzichten auf eine strenge Normierung von Metrum, Reim- und Strophenform und haben einen fließenden Rhythmus. Ein neuer lyrischer Typus ist die **Erlebnislyrik,** die ein persönliches Erlebnis so gestaltet, dass auch die Leserinnen und Leser die Natur in ihrer Einzigartigkeit erfahren.

Romantik (1795–1835)

Wie der Sturm und Drang versteht sich die Romantik als Gegenbewegung zur Aufklärung, aber auch zur sogenannten „Weimarer Klassik" mit ihrer Orientierung an antiken Vorbildern. Gegen die alleinige Betonung der Vernunft werden **Gefühle** und **Irrationales** herausgestellt, gegen die Ernüchterung und Versachlichung der Welt wird eine **Verzauberung der Welt** und ein **emphatisches Naturerleben** beschworen. Durch ihre Hinwendung zum **Mittelalter** und zum **Christentum** lassen die Romantiker auch **mythische und die Realität überschreitende Erfahrungen** in ihr Weltbild einfließen. In der Naturlyrik wird häufig eine belebte Natur geschildert, die der lyrische Sprecher als Ort der Geborgenheit erlebt. Die Sehnsucht nach der Ferne und die Suche nach dem Lebenssinn sowie Gottes- und Jenseitserfahrungen gehören neben der Schilderung einer erfüllten oder unerfüllten Liebe zu den gängigen Motiven der romantischen Lyrik. Viele Texte in einer späten Phase der Romantik, der sogenannten **Schauerromantik,** schildern die Nacht und den Traum als geheimnisvolle, wunderbare Gegebenheiten, zeigen aber auch deren albtraumhafte, unheimliche Seiten und damit die verborgenen Schattenseiten des Menschen. Charakteristisch für die Romantik ist auch eine Hinwendung zum Volkstümlichen, was sich im Sammeln von **Volksliedern** und **Volksmärchen** ausdrückt.

Realistische Strömungen (1830–1890)

In der Zeit des **Vormärz** (1830–1848; in der Literaturgeschichte spricht man auch vom „Frührealismus") formulieren Gedichte häufig eine harsche Kritik an autoritären Herrschaftsverhältnissen. Mit dem Scheitern der Revolution von 1848 zieht vermehrt ein melancholischer Ton in die Lyrik ein. Der sogenannte **bürgerliche Realismus** (1848–1890) sieht sich später weniger einer politischen Bewegung als einer **poetischen Abbildung des Wahren** verpflichtet. In der Naturlyrik werden Naturerlebnisse oft als **einsame und gesellschaftsferne Erfahrung** dargestellt. Daneben sind das **sinnliche Erleben der Natur,** die **Aufwertung des Diesseits** durch dessen Verknüpfung mit religiösen Vorstellungen sowie die **Spiegelung der Innerlichkeit** charakteristisch für diese Epoche.

Expressionismus (1910–1924)

Die Expressionisten sind Teil einer zwischen 1875 und 1895 geborenen Generation, die die Gesellschaft und die Denkweise ihrer Zeit als erstarrt empfindet und diese Erstarrung als existenzielle Krise erlebt. Im Zentrum ihrer Lyrik steht der oft **radikale Ausdruck** (Expression) von **Gefühlen** und **Wahrnehmungen.** Die Expressionisten sind bereits vor dem Ersten Weltkrieg (1914–1918) davon überzeugt, dass die erstarrte Gesellschaft vor einer radikalen Veränderung steht, sei es als apokalyptische Katastrophe oder als Erneuerung nach einer Zerstörung. Das düstere und desillusionierte Bild ihrer Zeit, das sich in ihren Werken ausdrückt, wird durch ihre eigenen Kriegserfahrungen noch verstärkt. Charakteristisch für die expressionistische Naturlyrik ist dementsprechend die Betonung der **düsteren Seiten der Natur** (z. B. der Mond als Motiv des Schreckens und Unheils), die oft im sogenannten **Reihungs- und Telegrammstil** in Form von **unverbundenen Aneinanderreihungen** beschrieben wird. Die Natur wird häufig als **unnatürlicher, kranker Ort** beschrieben, in dem sich das eigene **verstörte Ich** widerspiegelt. Diese Endzeiterfahrung und diese innere Zerrissenheit drücken sich in vielen Fällen auch in einer **Auflösung der äußeren Form** der expressionistischen Gedichte aus.

Gegenwart (2000er Jahre)

Die Naturlyrik der Gegenwart hat häufig **politische Absichten** und fordert zu mehr **Achtsamkeit** gegenüber der Natur auf. Probleme wie Klimawandel, Umweltkatastrophen und Ressourcenverschwendung werden immer bedeutsamer. Die Natur wird in Gedichten oft als **Opfer menschlicher Eingriffe** beschrieben. Beklagt werden vor allem die **Zerstörung und Ausbeutung der Natur,** weshalb man auch von **Ökolyrik** spricht. Die Naturlyrik dient den Lyrikerinnen und Lyrikern als **Ausdrucksmittel für die eigenen subjektiven Erfahrungen.**

1.7 Motivähnliche Gedichte interpretieren

Francisca Stoecklin: **Bäume** (1925)

Könige seid ihr,
denn die Erde liebt euch am meisten,
darum hält sie euch
innig fest.
Nährt aus unversiegbarer Fülle
die heiligen Wurzeln.
Aber auch der Himmel liebt euch
im ewigen Kusse,
und der Wind
spielt mit euren Kronen,
oder beugt den schlanken Leib
in mächtiger Umarmung.
Nach des Regens
gütigem Segen
glänzen die Blätter
in schönerem Grün.

Dankbar ist der Fremdling,
der wegmüd
in des Baumes Schatten sinkt,
sein Haupt
an den braunen Stamm lehnt,
wie an eine große Geliebte.
Besänftigendes
steigt in seine Seele.
Nach des Tages Wanderung
schließen sich schwer
die rosigen Lider,
neigt sich
ein Wunderbares
in seinen Traum.
Über dem einsamen Schläfer
tönt das ewige Rauschen ...

Sarah Kirsch: **Unsere Bäume** (1980)

Finsteres Auge verwünschender Mund
Augenweide ich kenne mich nicht nur durch dich
Meine Augen niemals gesehn aber deine
Und die Farbe des Himmels
Wenn wir an der oder jener Ecke uns trennen
Ein Baum macht den Abschied leicht die Blätter
Gehen zugrunde und seine Wurzeln
Die Rinde bricht ab der Mauersegler
Kalt aufgewachsen fliegt durch die Bäume
Wir gehören ins Laub.

Kathrin Schmidt: **alleen** (2000)

oft treffe ich straßen
an deren säumen geköpfte
blutsbrüder stehn ich spreche in ihre
abgeschnittenen ohren hinein
die langsam vertrocknen
von blickblauen veilchen beweint
die lahme besprungene hündin
sucht eine rast in den resten
wie ich wir beide sehn wie der himmel
ein ewiger blauhelm sich ziemlich bedeckt

Sophie Mereau: **An einen Baum am Spalier** (ca. 1800)

Armer Baum! – an deiner kalten Mauer
fest gebunden, stehst du traurig da,
fühlest kaum den Zephyr[1], der mit süßem Schauer
in den Blättern freier Bäume weilt
und bei deinen leicht vorübereilt.
O! dein Anblick geht mir nah!
und die bilderreiche Phantasie
stellt mit ihrer flüchtigen Magie
eine menschliche Gestalt schnell vor mich hin,
die, auf ewig von dem freien Sinn
der Natur entfernt, ein fremder Drang
auch wie dich in steife Formen zwang.

1 **Zephyr:** milder Wind

1 Den Gedichten liegt das Motiv des Baumes zugrunde. Wählen Sie spontan ein Gedicht aus, das Sie am meisten anspricht. Begründen Sie Ihre Auswahl im Kursheft.

2 Vergleichen Sie die motivgleichen Gedichte miteinander.

a Halten Sie Ihre Ergebnisse in einer Tabelle in Ihrem Kursheft fest. Nutzen Sie folgende Kategorien:

Situation des lyrischen Ichs – Darstellung des Baumes – Deutung/Intention – Stimmung – Natur-Aspekt

b Vergleichen Sie Ihre Ergebnisse mit denen Ihrer Mitschülerinnen und Mitschüler. Welche Gedichte weisen Parallelen auf?

Ludwig Fels: **Fluchtweg** (1984)

Einen Sommer lang gehn
durch Heide und über Gebirg
sich vom Wegrand ernähren
segeln durch wogendes Getreide
immer den Vögeln nach und den Sonnen
bevor sie ausgerottet sind.
Man muss erfahren haben
welche Welt vergeht.

Arnfried Astel: **Grünanlage** (1967)

Die Überlebenden
Planieren die Erde
Sie sorgen für eine
Schönere Vergangenheit.

Lutz Rathenow: **2084** (1982)

Wälder betrachten
in dreidimensional gestalteten Büchern
Nachts den Traum von Bäumen
am Rande der täglich befahrenen Straße
zwischen drei vier Städten
die keiner mehr trennen kann
Was Vögel sind fragen Kinder
Die Eltern zeigen einen Film
der Reihe „Ausgestorbene Lebewesen"

Und einmal pro Woche
ziehen die Familien aus
zur Erholung ins Naturmuseum:
bestaunen Gräser Fische Pflanzen
und wundern sich
wie früher es Menschen aushalten konnten
inmitten des Gestanks
nicht künstlich gezüchteter Blumen

Hans-Magnus Enzensberger: **Fremder Garten** (1974)

es ist heiß. das gift kocht in den tomaten.
hinter den gärten rollen versäumte züge vorbei,
das verbotene schiff heult hinter den türmen.

angewurzelt unter den ulmen. wo soll ich euch hintun,
füße? meine augen, an welches ufer euch setzen?
um mein land, doch wo ist es? bin ich betrogen.

die signale verdorren. das schiff speit öl in den hafen
und wendet. ruß, ein fettes rieselndes tuch
deckt den garten. mittag, und keine grille.

Jürgen Becker: **Natur-Gedicht** (1974)

in der Nähe des Hauses,
der Kahlschlag, Kieshügel, Krater
erinnern mich dran –
nichts Neues; kaputte Natur,
aber ich vergesse das gern,
solange ein Strauch steht

1 a Kreuzen Sie an, welches Motiv (► Information S. 7) den Gedichten zugrunde liegt.

A ☐ Natur als Ort der Vergänglichkeit
B ☐ Natur im Einklang mit dem Menschen
C ☐ Natur als Spiegel der Seele
D ☐ Natur als vom Menschen bedrohte Umwelt

b Begründen Sie Ihre Auswahl.

____

2 Benennen Sie, worum es thematisch in den Gedichten geht.

In den Gedichten geht es thematisch um ______________________________

____

3 Wählen Sie eines der beiden Motive der Gedichte auf den Seiten 14 und 15 aus und verfassen Sie ein eigenes Gedicht. Überlegen Sie zuerst, auf welche Art und Weise Sie das von Ihnen ausgewählte Motiv thematisieren wollen.

Aufgabenbeispiel

1 Interpretieren Sie das Gedicht „Mittagszauber“ von Hedwig Dransfeld im Hinblick auf die Wahrnehmung der Natur durch das lyrische Ich und dessen Gefühle. (45 Punkte)

Hedwig Dransfeld (1871–1925)

Mittagszauber (1911)

Goldstaub die Luft! – Der stille Park verträumt,
Die Rosen schwer, vom eignen Dufte trunken,
Und jeder Halm von weißem Licht umsäumt,
Und selbst das Erlenlaub in Schlaf versunken.

Es ist so still – nur dann und wann im Hag'
Ein Wachtelruf, des Hähers Liebeslocken,
Ein schluchzend abgebrochner Amselschlag,
Ein kurzes Brausen wie versunkne Glocken.

Ich selbst verträumt, das Auge sonnenschwer,
Es flutet über mich mit schwüler Welle,
Ein blauer Falter taumelt um mich her,
Vom Schilfe tönt das Schwirren der Libelle.

In meiner Seele wird es licht und weit,
Ein Schwanken ist's, ein selig Untergehn. ..
Des Sommertags verlor'ne Einsamkeit
Fühl ich wie gold'ne Nebel mich umwehn.

Noch sieht mein Aug' ein fallend Rosenblatt,
Ein Wasserhuhn ist taumelnd aufgeflogen.
Ich sinke hin – so still und traumesmatt
Und treibe steuerlos auf Traumeswogen.

1 **Hag:** Hecke

2.1 Erster Schritt: Die Aufgabenstellung verstehen

Tipp **Operatoren beachten**

Operatoren bezeichnen die konkreten Tätigkeiten, die Sie vollziehen müssen, um die Klausuraufgabe zu lösen. Für den Aufgabentyp I A (► S. 3) sind vor allem die folgenden Operatoren von Bedeutung:

- **analysieren:** einen Text als Ganzes oder im Hinblick auf einen bestimmten Aspekt erschließen, wobei die Wechselwirkung zwischen Inhalt, Form und Sprache berücksichtigt werden soll;
- **interpretieren:** auf der Grundlage einer Analyse im Ganzen oder im Hinblick auf einen bestimmten Aspekt Sinnzusammenhänge erschließen und zu einer schlüssigen (Gesamt-)Deutung gelangen, wobei die Wechselwirkung zwischen Inhalt, Form und Sprache einbezogen werden soll;
- **darstellen:** Inhalte, Probleme oder Sachverhalte und deren Zusammenhänge aufzeigen;
- **beschreiben:** Sachverhalte, Situationen, Vorgänge oder Merkmale sachlich darlegen;
- **untersuchen/erschließen:** Texte, Textaussagen, Problemstellungen oder Sachverhalte anhand von bestimmten Kriterien oder Aspekten betrachten;
- **vergleichen:** nach vorgegebenen oder selbst gewählten Gesichtspunkten Gemeinsamkeiten, Ähnlichkeiten und Unterschiede in verschiedenen Texten herausarbeiten und gegeneinander abwägen;
- **erläutern:** Materialien, Sachverhalte, Zusammenhänge oder Thesen in einen Begründungszusammenhang stellen und mit zusätzlichen Informationen und Beispielen veranschaulichen;
- **in Beziehung setzen:** nach vorgegebenen oder selbst gewählten Gesichtspunkten Zusammenhänge herstellen und diese begründen;
- **deuten:** die Ergebnisse einer Textbeschreibung in einen Erklärungszusammenhang bringen, wobei sowohl die Wechselwirkung von Inhalt, Form und Sprache als auch die typischen Merkmale der Gattung oder der Epoche berücksichtigt werden sollen;
- **prüfen:** auf der Grundlage eigener Kenntnisse, Einsichten oder Textkenntnis eine Textaussage, These, Argumentation, ein Analyseergebnis oder einen Sachverhalt auf ihre bzw. seine Angemessenheit hin untersuchen und die Ergebnisse schriftlich darlegen;
- **überprüfen:** Aussagen oder Behauptungen kritisch hinterfragen und ihre Gültigkeit anhand von bestimmten Kriterien begründet einschätzen.

1 Lesen Sie die Aufgabenstellung (► S. 16) aufmerksam durch.

a Markieren Sie Schlüsselbegriffe und Operatoren in zwei verschiedenen Farben.

b Notieren Sie den Schwerpunkt der Gedichtinterpretation.

Der Schwerpunkt der Interpretation liegt auf der Naturwahrnehmung ...

2.2 Zweiter Schritt: Erstes Textverständnis und eine Deutungsthese formulieren

Zum 1. Aufgabenteil: Interpretation des Gedichts „Mittagszauber“

1 Beschreiben Sie in Ihrem Kursheft Ihren ersten Eindruck von der Situation, der Stimmung und den Gefühlen des lyrischen Ichs in diesem Gedicht.

Das lyrische Ich befindet sich in einem Park zur Mittagsstunde. Es beobachtet ... Die Stimmung im Gedicht ist ...

Info **Die Stimmung im Gedicht erfassen**

Um die Stimmung des Gedichts zu erfassen, versetzen Sie sich in die **Situation des lyrischen Ichs** und versuchen Sie nachzufühlen, was genau es spürt. Hierfür können Sie sich z. B. auf **Sinneseindrücke** konzentrieren, um die **Atmosphäre** im Gedicht besser nachvollziehen zu können.

2 Lesen Sie das Gedicht gezielt mit Blick auf die Aufgabenstellung (► S. 16). Orientieren Sie sich an den Markierungen, Umkreisungen und Notizen im unteren Beispiel. Gehen Sie so vor:
- Markieren Sie in den weiteren Strophen Textstellen, in denen die Natur beschrieben wird, gelb, und notieren Sie am Rand das sprachliche Mittel.
- Markieren Sie Hinweise zur Stimmung des lyrischen Ichs blau.
- Notieren Sie Hinweise zur Reimform und zum Metrum.
- Unterstreichen Sie sprachliche Auffälligkeiten und notieren Sie am Rand die entsprechende Wirkung.

Goldstaub die Luft! (–) Der stille Park verträumt, a
x x́ x x́ x x́ x x́ x x́ x
Die Rosen schwer, vom eignen Dufte trunken, b
(Und) jeder Halm von weißem Licht umsäumt, a
(Und) selbst das Erlenlaub in Schlaf versunken. b

Kreuzreim

Metrum regelmäßig: betont ruhige Atmosphäre („Goldstaub" als einzige metrische Abweichung) Zäsur sorgt für Pause

Personifikation: *Verdeutlichung der Stille*

Adjektive: *unterstreichen Trägheit*

Metapher: *Betonung der Harmonie*

Anapher: *Aufzählung verstärkt friedliche Stimmung*

Tipp **Unter Berücksichtigung der Leseziele den Text markieren und beschriften**

Lesen Sie das Gedicht und halten Sie alles fest, was Ihnen zu Inhalt, Form und Sprache auffällt. Nutzen Sie dazu knappe Notizen, Markierungen und Symbole:

■ **Markierungen:**
Markieren und unterstreichen Sie mit unterschiedlichen Farben z. B. Sprachbilder und rhetorische Figuren.

■ **Zeichen und Buchstaben:**
- kleine Buchstaben zur Bestimmung der Reimform, z. B.: aabb
- Akzente zur Bestimmung des Metrums, z. B: x́xx x́xx
- Klammern von einem Vers zum nächsten für Zeilensprünge: ⊃
- Ausrufezeichen für wichtige Stellen und Deutungsansätze: !
- Fragezeichen für offene Fragen und Vermutungen: ?
- Pfeile, um thematische Bezüge herzustellen: →
- Trennlinien, um Themenwechsel anzuzeigen: –

3 a Kreuzen Sie an, welches Motiv (► Information S. 7) dem Gedicht zugrunde liegt.

A ☐ Natur als Sehnsuchtsort

B ☐ Mensch und Natur im Einklang

C ☐ Natur als Ort der Einsamkeit

b Begründen Sie Ihre Auswahl.

____

____

____

4 Benennen Sie, worum es thematisch in dem Gedicht „Mittagszauber" geht.

In dem Gedicht „Mittagszauber" geht es thematisch um ______________________________

____

____

5 Kreuzen Sie diejenige/n der folgenden Deutungsthesen des Gedichts „Mittagszauber“ an, der oder denen Sie zustimmen können. Begründen Sie in Ihrem Kursheft jeweils knapp unter Bezug auf den Text, warum die Deutungen aus Ihrer Sicht zutreffen oder nicht.

A ☐ *Das Gedicht „Mittagszauber“ soll zum Ausdruck bringen, dass die Natur ein magischer Ort der Harmonie ist, an dem man zur Ruhe kommen kann.*

B ☐ *In dem Gedicht „Mittagszauber“ wird die Natur als eintönig und öde beschrieben, sodass das lyrische Ich kurz vor dem Einschlafen ist.*

C ☐ *Das Gedicht „Mittagszauber“ stellt die Friedlichkeit der Natur dar, die das lyrische Ich in ihren Bann zieht.*

6 Formulieren Sie eine eigene Deutungsthese (► Tipp). Konzentrieren Sie sich dabei auf den in der Aufgabenstellung genannten Untersuchungsaspekt „Wahrnehmung der Natur durch das lyrische Ich und dessen Gefühle“. Berücksichtigen Sie auch den Titel des Gedichts. Schreiben Sie in Ihrem Kursheft.

Tipp **Eine Deutungsthese als Grundlage für die Gedichtinterpretation formulieren**

Die Deutungsthese wird zu Beginn der Interpretation aufgestellt und dient während der Interpretation als roter Faden, an dem sich Ihre Interpretation orientiert. Die Deutungsthese geht über die Formulierung des Themas hinaus, da sie bereits auf einen tieferen Sinn des Textes verweist.

Formulierungshilfen bei der Deutungsthese:
- *Wie zu zeigen sein wird, ...*
- *Der nachfolgenden Interpretation steht folgende Deutungsthese voran: ...*
- *Zu vermuten ist, dass ....*

2.3 Dritter Schritt: Das Gedicht interpretieren

1 Fassen Sie den Inhalt des Gedichts strophenweise mit eigenen Worten zusammen.

1. **Strophe**
   In der ersten Strophe wird die Stille ...

2. **Strophe**
   Es ist sehr still und das lyrische Ich hört nur ...

3. **Strophe**

4. **Strophe**

5. **Strophe**

2 a Markieren Sie die Stimmungen und Einstellungen des lyrischen Ichs im Gedicht „Mittagszauber", die passen.

verträumt – aufmerksam – beobachtend – aufgeregt – schläfrig – schwermütig – ungeduldig – nervös – erholt – entspannt – gereizt

b Weisen Sie drei Stimmungen oder Einstellungen des lyrischen Ichs, die Sie markiert haben, mit Textbelegen nach.

____

____

____

____

____

____

____

3 a Bestimmen Sie mit Hilfe Ihrer Notizen (► Aufgabe 2, S. 18) die formalen Merkmale des Gedichts „Mittagszauber" und füllen Sie den nachfolgenden Lückentext aus.

Metrum – Silbe – Strophe – unbetont – Kreuzreim – Hebung – Vers

Das Gedicht „Mittagszauber" besteht aus fünf ________________ mit je vier ________________.

Alle Strophen weisen mit der Reimfolge abab das Reimschema ________________________ auf.

Das ____________ ist durchgehend alternierend. Jeder Vers hat fünf ________________. Die 1. und 3. Verse jeder Strophe enden mit einer betonten ________________ (= männliche oder stumpfe Kadenz).

Die 2. und 4. Verse jeder Strophe (mit Ausnahme der 4. Strophe) enden mit einer weiblichen Kadenz, d. h. mit einer ________________ Silbe.

b Beschreiben Sie die Wirkung der Zäsuren (–) in Strophe 1, Vers 1 und Strophe 2, Vers 1 sowie in Strophe 5, Vers 3 auf Sie als Leserin oder Leser.

Die Pausen, die durch die Zäsuren entstehen, wirken ________________________

____

____

____

____

____

c Beschreiben Sie in Ihrem Kursheft die Wirkung des regelmäßigen Metrums, der Regelmäßigkeit der Reimform sowie des (bis auf eine Abweichung) regelmäßigen Wechsels der Kadenzen. Nutzen Sie die Formulierungsbausteine (► S. 9).

4 Untersuchen Sie die sprachlichen Mittel des Gedichts „Mittagszauber“.

a Notieren Sie unter den folgenden Textzitaten 1 bis 4, um welches sprachliche Mittel es sich jeweils handelt.

b Ordnen Sie den Beispielen 1 bis 4 die jeweiligen Wirkungen der sprachlichen Mittel A bis D zu.

1 „Und selbst das Erlenlaub in Schlaf versunken.“ (V. 4) ____________________	A Das Mittel unterstreicht die flüchtigen Gedanken des lyrischen Ichs, das einschläft.
2 „Ich selbst verträumt, das Auge sonnenschwer.“ (V. 9) ____________________	B Das Mittel veranschaulicht den Moment des Einschlafens, in dem sich das lyrische Ich befindet.
3 „Fühl ich wie gold’ne Nebel mich umwehn.“ (V. 16) ____________________	C Das Mittel verdeutlicht, dass auch die Natur, in der sich das lyrische Ich befindet, zur Ruhe kommt.
4 „Und jeder Halm von weißem Licht umsäumt.“ (V. 3) ____________________	D Das Mittel unterstreicht, dass jeglicher Bereich der Natur strahlt und leuchtet.

5 Markieren Sie mit Hilfe der Hinweise aus der Information (► S. 11 Sprachliche Mittel) weitere Sprachbilder und rhetorische Figuren, die das Gedicht „Mittagszauber“ aufweist, und ergänzen Sie die Wirkung. Legen Sie hierzu eine Tabelle in Ihrem Kursheft an.

6 Formulieren Sie in Ihrem Kursheft zu vier Sprachbildern Sätze, in denen Sie das sprachliche Mittel benennen und dessen Wirkung erläutern. Nutzen Sie hierzu die Formulierungshilfen auf S. 9 sowie die Hinweise aus der Information (► S. 11 Sprachliche Mittel) und die folgende Information zum Dreischritt.

Info **Der Dreischritt in der Literaturanalyse**

Wenn Sie die sprachlichen Mittel und deren Wirkung analysieren wollen, sollten Sie bei der Formulierung Ihrer Sätze während der Gedichtinterpretation **in drei Schritten** vorgehen:

1. Schritt Textstelle anführen	→	**2. Schritt** Fachbegriff benennen	→	**3. Schritt** Wirkung beschreiben
Beispiel: *In Vers 1 wird der Park als „verträumt“ beschrieben.*	→	*Diese Personifikation …*	→	*… spiegelt die friedliche und ruhige Atmosphäre wider, in der sich das lyrische Ich befindet.*

Die Reihenfolge der Schritte können zur Abwechslung in Ihrem Aufsatz beliebig getauscht werden:
Die Personifikation „…“ … oder: *Das Gedicht spiegelt eine friedliche und ruhige Atmosphäre …*

7 Deuten Sie den Titel „Mittagszauber“ vor dem Hintergrund der Analyse von Inhalt, Form und Sprache des Gedichts. Erläutern Sie, inwiefern der Titel zum Gedichtinhalt passt.

____

2.4 Vierter Schritt: Den Schreibplan erstellen und den Text schreiben

1 Erstellen Sie einen **Schreibplan** für die hier zu erarbeitende Klausur.

a Listen Sie die Begriffe aus dem Wortspeicher in der mittleren Spalte der Tabelle („Konkretisierung") in einer sinnvollen Reihenfolge auf.

Zusammenfassung der Ergebnisse • Erfassen und Deuten der Darstellung der Natur • Angaben zur Autorin, Titel, Textsorte, Erscheinungsjahr, Thema • Formulierung einer Deutungsthese • Untersuchung der formalen Gestaltung • Untersuchung der sprachlichen Mittel • Die Situation des lyrischen Ichs analysieren • Inhaltliche Zusammenfassung

b Notieren Sie in der rechten Spalte der Tabelle unter „Vorarbeiten", mit welchen Aufgaben in diesem Arbeitsheft Sie die Bearbeitung der jeweiligen Aspekte bereits vorbereitet haben.

	Abschnitt	Konkretisierung	Vorarbeiten
Aufgabe 1	Einleitung	– *Autorin: ...* – *Titel: ...* – *Textsorte: ...* – *Erscheinungsjahr:* – *Thema:*	
	Hauptteil I	– *Formulierung einer Deutungsthese* – *inhaltliche Zusammenfassung* – –	
	Schluss	–	

Info **Einleitung**

Die **Einleitung** enthält Angaben zu **Titel, Textsorte, Autor/-in** und **Erscheinungsjahr.** Außerdem benennt sie das **Thema** (► Info S. 7) des Textes.

2 Formulieren Sie einen Einleitungssatz (► Info) für Ihre Klausur. Nutzen Sie dazu die Formulierungsbausteine unten. Schreiben Sie in Ihr Kursheft.

Formulierungsbausteine **Die Einleitung schreiben**

- In dem vorliegenden Gedicht „Mittagszauber" von ... aus dem Jahr ... geht es um ...
- Das Gedicht „..." von ..., das ... veröffentlicht wurde, handelt von ...
- In dem vorliegenden Gedicht „..." von ..., erschienen ..., wird ... thematisiert.

3 Üben Sie das Verknüpfen von Analyseergebnissen, indem Sie in Ihrem Kursheft die folgenden Sätze durch Konjunktionen und Adverbien sinnvoll miteinander verbinden und so Zusammenhänge herstellen (► hintere Umschlagseite).

In den Versen 2 und 4 heißt es, dass die Rosen und das Erlenlaub selbst der Müdigkeit anheimfallen. Sie werden personifiziert. Die entspannte und friedliche Atmosphäre des Parks wird bekräftigt.
Die Ellipsen in der ersten und zweiten Strophe verdeutlichen die assoziativen Gedankengänge des lyrischen Ichs. Sie betonen dessen träge und schläfrige Stimmung.
Die Metapher „gold'ne Nebel" (V. 16) ist eine bildliche Umschreibung für den aufkommenden Schlaf des lyrischen Ichs und den Beginn des Träumens. Die fast paradiesisch anmutende Harmonie des Ortes wird unterstrichen.

4 Verfassen Sie nun mit Hilfe Ihres Schreibplans den Hauptteil Ihrer Gedichtinterpretation in Ihrem Kursheft. Wenden Sie hierzu den Dreischritt an (► Info S. 21). Sie können auf die Formulierungsbausteine auf S. 9 zurückgreifen.

5 Fassen Sie am Schluss Ihre Interpretationsergebnisse in Ihrem Kursheft zusammen. Verwenden Sie folgende Formulierungsbausteine:

Formulierungsbausteine **Schlussgedanken**

- *Die Interpretation des Gedichts ergibt, dass ...*
- *... ist also die zentrale Aussage des Gedichts.*
- *Sprachlich wird dies besonders durch ... hervorgehoben.*
- *Die Darstellung der Natur lässt sich somit ingesamt deuten als ...*

2.5 Fünfter Schritt: Den eigenen Text überarbeiten

1 a Überprüfen Sie Ihren Text mit Hilfe der folgenden Checkliste:

Checkliste **Ein Gedicht interpretieren**

- Hat mein Aufsatz einen klaren **Aufbau,** der durch Absätze gegliedert ist?
- Habe ich **einleitend** Gattung, Titel, Autorin, Entstehungsjahr und Thema genannt?
- Habe ich den **Hauptteil nachvollziehbar** gegliedert?
- Habe ich den in der Aufgabenstellung genannten Aspekt (Darstellung der Natur) in den Mittelpunkt meiner Interpretation gestellt?
- Bin ich auf **formale und sprachliche Aspekte** eingegangen und habe diese zum Inhalt in Beziehung gesetzt?
- Habe ich den Inhalt nicht nur beschrieben, sondern auch **gedeutet?**
- Habe ich meine **Deutungsthesen** hinreichend durch Belege und eine deutende Kommentierung abgesichert?
- Habe ich Auszüge aus dem Gedicht **korrekt zitiert?**
- Habe ich ein zusammenfassendes Fazit verfasst?
- Habe ich meinen Aufsatz auf Fehler in **Rechtschreibung, Grammatik und Zeichensetzung** geprüft?

b Notieren Sie in Ihrem Kursheft drei Aspekte, auf die Sie beim Verfassen der nächsten Klausur achten möchten.

3 Ein Gedicht mit weiterführendem Schreibauftrag interpretieren (Aufgabenart I A)

Aufgabenbeispiel

1 Interpretieren Sie das Gedicht „Im Winter“ von Georg Trakl im Hinblick auf die Darstellung der Natur. (30 Punkte)

2 Begründen Sie anschließend, inwiefern das Gedicht epochentypische Merkmale des Expressionismus aufweist. (15 Punkte)

Georg Trakl (1887–1914)

Im Winter (1913)

Der Acker leuchtet weiß und kalt. *Anapher*
Der Himmel ist einsam und ungeheuer.
Dohlen kreisen über dem Weiher[1]
Und Jäger steigen nieder vom Wald.

Ein Schweigen in schwarzen Wipfeln wohnt. *Anapher, Alliteration*
Ein Feuerschein huscht aus den Hütten.
Bisweilen schellt sehr fern ein Schlitten
Und langsam steigt der graue Mond.

Ein Wild verblutet sanft am Rain[2]
Und Raben plätschern in blutigen Gossen.
Das Rohr[3] bebt gelb und aufgeschossen.
Frost, Rauch, ein Schritt im leeren Hain[4]. *Aufzählung*

1 **Weiher:** kleiner Teich
2 **Rain:** Grünstreifen am Rand eines Ackers
3 **Rohr:** Schilfrohr
4 **Hain:** kleiner Wald

3.1 Erster Schritt: Die Aufgabenstellung verstehen

1 Lesen Sie die Aufgabenstellung (► S. 24) aufmerksam durch.
- a Markieren Sie Schlüsselbegriffe und Operatoren in zwei verschiedenen Farben.
- b Kreuzen Sie an, welche Tätigkeiten die Aufgabenstellung von Ihnen verlangt.

	Aufgabenteil 1: Ich soll …	richtig	falsch
a	eine Einleitung mit Autor, Textsorte, Titel und Thema formulieren.	☐	☐
b	die Gedanken des lyrischen Ichs aufschreiben.	☐	☐
c	die formale und sprachliche Gestaltung des Gedichts auf den Inhalt beziehen.	☐	☐
d	sprachliche Mittel benennen.	☐	☐
e	die Natur-Wahrnehmung des lyrischen Ichs deuten.	☐	☐
f	die Gefühle des lyrischen Ichs interpretieren.	☐	☐
	Aufgabenteil 2: Ich soll …	richtig	falsch
a	die Merkmale der Epoche des Expressionismus darstellen.	☐	☐
b	das Gedicht von der Epoche der Romantik abgrenzen.	☐	☐

3.2 Zweiter Schritt: Erstes Textverständnis und eine Deutungsthese formulieren

Zum 1. Aufgabenteil: Interpretation des Gedichts „Im Winter“

1 Lesen Sie das Gedicht zügig und formulieren Sie ein erstes Textverständnis.

Das Gedicht handelt von ...

2 Lesen Sie den Text gezielt mit Blick auf die Aufgabenstellung (► S. 24). Orientieren Sie sich an den Markierungen und Notizen (► S. 18 Texte markieren), die bereits in den ersten Zeilen des Textes vorgenommen wurden, z. B.:
- Markieren Sie Textstellen gelb, in denen die Natur beschrieben wird, und notieren Sie am Rand das sprachliche Stilmittel.
- Notieren Sie Hinweise zur Reimform und zum Metrum.
- Unterstreichen Sie sprachliche Auffälligkeiten und notieren Sie am Rand die entsprechende Wirkung.

3 Wählen Sie zwei Begriffe aus, die das Thema des Gedichts widerspiegeln. Begründen Sie Ihre Entscheidung im Kursheft.

Untergangsstimmung – Ödnis – Abendstimmung – Harmonie – Disharmonie – Winterruhe – Einsamkeit – Niedergang – Bedrohlichkeit – Romantik – Groteske

4 Kreuzen Sie diejenige/n der folgenden Deutungsthesen des Gedichts „Im Winter“ an, der oder denen Sie zustimmen können. Begründen Sie in Ihrem Kursheft jeweils knapp unter Bezug auf den Text, warum die Deutungen aus Ihrer Sicht zutreffen oder nicht.

A ☐ *Das Gedicht „Im Winter“ soll zum Ausdruck bringen, dass die Natur dem Menschen in jeder Hinsicht überlegen ist.*

B ☐ *In dem Gedicht „Im Winter“ wird die Natur als kranke und entsetzliche Welt beschrieben, in der sich der Mensch nicht mehr zurechtfinden kann.*

C ☐ *Das Gedicht „Im Winter“ kritisiert den Menschen, der sich in der Natur nicht mehr zurechtfindet, weil er diese zerstört hat.*

5 Formulieren Sie in Ihrem Kursheft eine eigene Deutungsthese (► Information S. 19), die die Grundlage Ihrer Interpretation bildet.

Wie zu zeigen sein wird, befindet sich der lyrische Sprecher ...

3.3 Dritter Schritt: Das Gedicht interpretieren

1 Stellen Sie den inhaltlichen Aufbau des Gedichts dar. Notieren Sie in Ihrem Kursheft.

Das Gedicht lässt sich in drei ... In der ersten Strophe ... Anschließend ... Die dritte Strophe ...

2 a Prüfen Sie, auf welche Weise das lyrische Ich im Gedicht „Im Winter“ in Erscheinung tritt (► Info S. 8). Kreuzen Sie die richtige Antwort an. Begründen Sie Ihre Auswahl in Ihrem Kursheft.

A ☐ Der lyrische Sprecher tritt direkt als beobachtende, beschreibende und nachdenkende Instanz auf.

B ☐ Der lyrische Sprecher schildert seine spezifische Wahrnehmung der Natur und vermittelt dadurch einen Einblick in sein Innenleben.

b Beschreiben Sie, auf welche Weise der lyrische Sprecher seine Beobachtungen, Eindrücke und Gedanken im Verlauf des Gedichts zum Ausdruck bringt. Wählen Sie aus dem Wortspeicher passende Begriffe aus.

chronologisch – gegenwärtig – zusammenhängend – assoziativ – flüchtig – zusammenhanglos

____

____

____

3 Bestimmen Sie mit Hilfe Ihrer Notizen (► Aufgabe 2, S. 25) die formalen Merkmale des Gedichts „Im Winter".

a Erfassen Sie die Strophen- und Versanzahl, das Metrum und das Reimschema.

Anzahl der Strophen: ____________ Anzahl der Verse je Strophe: ____________

Metrum: ____________________ Reimschema: ____________________

b Welche Wirkung hat die formale Gestaltung im Hinblick auf den Inhalt? Streichen Sie im folgenden Text die falschen Aussagen durch.

Der gleichmäßige Aufbau des Gedichts *steht im Kontrast zum Inhalt, der eine unheimlich und bedrohlich wirkende Welt thematisiert. Dieser Kontrast erzeugt eine verstörende Wirkung. / stimmt mit der harmonischen Stimmung im Gedicht überein und verstärkt diese.* Auch das gleichmäßige Reimschema und das weitgehend regelmäßige Metrum unterstreichen *diesen Kontrast / diese Harmonie.*

4 Markieren Sie mit Hilfe der Hinweise in der Information (► S. 11 Sprachliche Mittel) weitere Sprachbilder und rhetorische Figuren, die das Gedicht „Im Winter" aufweist. Vervollständigen Sie anschließend die Tabelle in Ihrem Kursheft.

Untersuchungsaspekt	Figur/Textstelle	Deutung/Wirkung/Funktion
Sprachbilder	*Personifikation:* *Metapher: „Feuerschein"* *Farbsymbolik: „weiß", „schwarz", „grau"* *Oxymoron: „verblutet sanft"*	
Wortwahl	*Adjektive: „kalt", „einsam", „ungeheuer" ...* *Verben der Bewegung: „steigen", „huscht" ...*	
Klangliche Mittel	*Anapher:* *Alliteration:*	
Satz- und Versbau	*Parataxe: „Ein Schweigen ..."* *Parallelismus:* *Aufzählung:*	

5 Stellen Sie Bezüge zwischen der Darstellung der Natur in dem Gedicht „Im Winter" und der formalen und sprachlichen Gestaltung des Gedichts her. Nutzen Sie neben den Formulierungsbausteinen auch die Hinweise aus der Information zum Dreischritt (► S. 20). Beziehen Sie sich auch auf Ihre Ergebnisse aus den Aufgaben 2 und 4 auf S. 25 zur Deutung des Gedichts sowie aus Aufgabe 3 auf S. 26 zur formalen Gestaltung und deren Wirkung.

Formulierungsbausteine **Inhalt, Form und Sprache in Beziehung setzen**

- *Die konventionelle Form des Gedichts und sein gleichmäßiges, ruhiges Metrum stehen im Kontrast zu dem Eindruck von ..., der in den Beschreibungen entfaltet wird.*
- *Die Personifikation „Ein Schweigen in schwarzen Wipfeln wohnt" (V. 5) macht Naturereignisse zu Subjekten, die ein Gefühl von Betrübnis oder Unzufriedenheit hervorrufen können.*
- *Dagegen drückt das Oxymoron „verblutet sanft" (V. 9) aus, dass ein grausames Ereignis verstörend und grotesk auf das lyrische Ich wirkt.*
- *Die farblichen Bezeichnungen im Gedicht wie ... und ... stellen Kontraste in der Landschaft dar, die dadurch ...*
- *Eine auffällige Besonderheit des Satzbaus sind dessen Schlichtheit und die Häufung von ... ohne Gebrauch von Konjunktionen. Dies unterstreicht die Vereinzelung der Sinneseindrücke, weil ...*

Zum 2. Aufgabenteil: Einordnung des Gedichts in die Epoche

1 Rufen Sie sich Ihre Kenntnisse der Epoche des Expressionismus in Erinnerung (► Info S. 13). Füllen Sie die unten stehende Mindmap mit Informationen. Überprüfen Sie Ihre Notizen anhand der Hinweise zu den Epochen aus der Information auf S. 13 und mit Hilfe eines Literaturlexikons und ergänzen und korrigieren Sie sie gegebenenfalls.

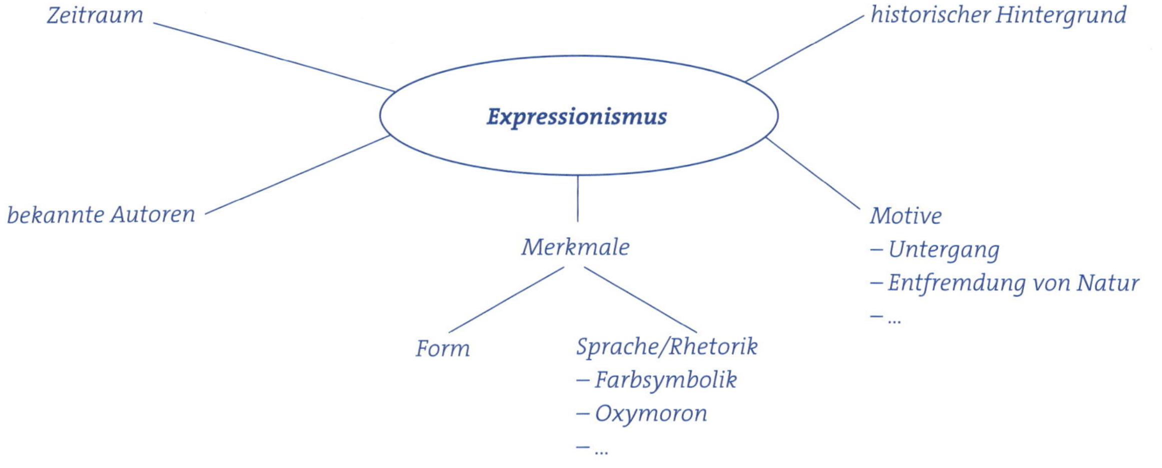

2 Notieren Sie unter Einbeziehung der Hinweise aus der Information unten stichpunktartig epochentypische Elemente in Trakls Gedicht „Im Winter".

– *Jahr der Gedichtentstehung: 1913*

– ...

– *Motiv des Gedichts: Entfremdung von der Natur – Beispiel:*

Info **Ein Gedicht in eine Epoche einordnen**

Bei der Einordnung eines Gedichts in eine Epoche geht es darum, die Merkmale der Epoche im Gedicht nachzuweisen. Dabei reicht es nicht aus, das **Datum** der Gedichtentstehung und die **biografischen Angaben zum Autor** als Beleg für die Epochenzugehörigkeit zu nennen. Zusätzlich sollten Sie auf den **historischen Hintergrund** sowie auf die **Motive** und die **formalen** und **sprachlichen Aspekte** des Gedichts eingehen, die den Epochenbezug deutlich machen.

3.4 Vierter Schritt: Den Schreibplan erstellen und den Text schreiben

1 Erstellen Sie einen **Schreibplan** für die hier zu erarbeitende Klausur, indem Sie das folgende Strukturdiagramm ausfüllen.

Einleitung	Hauptteil I	Schluss	Hauptteil II
Autor, Titel, ...	– *Deutungsthese formulieren* – *Inhalt wiedergeben* – ...	*Fazit*	– *Darstellung der Epoche* – ...

2 a Prüfen Sie, inwiefern sich die folgenden Sätze als Einleitungssätze für einen Aufsatz zu der Aufgabenstellung (► S. 24) eignen. Kreuzen Sie den aus Ihrer Sicht gelungensten Einleitungssatz an und begründen Sie Ihre Wahl kurz in Ihrem Kursheft.

A ☐ *Das Gedicht „Im Winter" (1913) von Georg Trakl thematisiert eine groteske und verstörende Natur.*

B ☐ *Georg Trakl hat das Gedicht „Im Winter" 1913 verfasst und beschreibt darin, was in der Natur passiert, z. B. dass Raben in blutigen Gossen plätschern.*

C ☐ *In Georg Trakls Gedicht „Im Winter" von 1913 wird eine bedrohliche Atmosphäre in der Natur dargestellt.*

b Finden Sie gegebenenfalls einen eigenen Einleitungssatz, der das Thema des Gedichts aus Ihrer Sicht treffend benennt. Schreiben Sie die Einleitung Ihres Aufsatzes in Ihr Kursheft.

3 Verfassen Sie in Ihrem Kursheft unter Beachtung der Aufgabenstellung und Ihres Schreibplans den Hauptteil der Gedichtinterpretation (Aufgabe 1, S. 28). Schreiben Sie im Präsens und beachten Sie die Information zum Dreischritt (▸ Info S. 21) sowie die Information zum Zitieren und Paraphrasieren.

Info **Zitieren und Paraphrasieren**

Zitate sind wörtliche, sogar buchstabengetreue Übernahmen aus einem Text. Sie können einzelne Wörter, halbe oder ganze Sätze, Absätze oder auch längere Textabschnitte umfassen. Für das korrekte Zitieren gelten bestimmte Regeln (▸ hintere Umschlaginnenseite). So müssen Zitate durch Anführungszeichen gekennzeichnet und mit einer Zeilenangabe versehen sein, z. B.: *Das Bild der Raben, die in „blutigen Gossen" „plätschern" (V. 10), wirkt grotesk und verstörend.*
Auch wenn Sie Inhalte eines Textes in eigenen Worten wiedergeben **(paraphrasieren),** müssen Sie die entsprechende Zeile (mit *vgl.* für *vergleiche*) angeben, z. B: *Der Acker wird als weiß und kalt beschrieben (vgl. V. 1).*

4 Verfassen Sie den Schlussteil Ihres Aufsatzes im Kursheft.

5 Führen Sie in Ihrem Kursheft den weiterführenden Schreibauftrag (▸ Aufgabe 2, S. 24) aus. Berücksichtigen Sie dabei die Aufgabenstellung und Ihren Schreibplan. Sie können folgende Formulierungshilfen nutzen:

Formulierungsbausteine **Ein Gedicht begründet einer Epoche zuordnen**

- *Schaut man sich das Erscheinungsjahr von Trakls Gedicht „Im Winter" an, wird deutlich, dass ...*
- *Deutlich werden die Epochenbezüge vor allem durch die Darstellung des Motivs des ..., da ...*
- *Ein weiteres typisches Motiv der Epoche, das auch im Gedicht „Im Winter" von Trakl wiederzufinden ist, ist das Motiv des .... Deutlich wird dies dadurch, dass ...*
- *Die zahlreichen sprachlichen Besonderheiten, wie ... und ..., sind typische Merkmale der Epoche, die Trakl in Form von ... und ... in seinen Gedichten verwendet hat.*
- *Die schlichte formale Gestaltung, die Trakl in seinem Werk verwendet hat, findet sich auch in der Epoche des .... Besonders dabei ist, dass ...*

3.5 Fünfter Schritt: Den eigenen Text überarbeiten

1 a Überprüfen Sie Ihren Text mit Hilfe der folgenden Checkliste:

Checkliste **Ein Gedicht interpretieren**

- Hat mein Aufsatz einen klaren **Aufbau,** der durch Absätze gegliedert ist?
- Habe ich **einleitend** Gattung, Titel, Autor, Entstehungsjahr und Thema genannt?
- Habe ich den **Hauptteil nachvollziehbar** gegliedert?
- Habe ich den in der Aufgabenstellung genannten Aspekt (Darstellung der Natur) in den Mittelpunkt meiner Interpretation gestellt?
- Bin ich auf **formale und sprachliche Aspekte** eingegangen und habe diese zum Inhalt in Beziehung gesetzt?
- Habe ich den Inhalt nicht nur beschrieben, sondern auch **gedeutet?**
- Habe ich meine **Deutungsthese** hinreichend durch Belege und eine deutende Kommentierung abgesichert?
- Habe ich Auszüge aus dem Gedicht **korrekt zitiert?**
- Habe ich ein zusammenfassendes Fazit verfasst?
- Habe ich wichtige **Merkmale der Epoche** des Expressionismus dargestellt?
- Habe ich das Gedicht **begründet der Epoche zugeordnet** (auch Motiv sowie formale und sprachliche Merkmale)?
- Habe ich meinen Aufsatz auf Fehler in **Rechtschreibung, Grammatik und Zeichensetzung** geprüft?

b Notieren Sie in Ihrem Kursheft drei Aspekte, auf die Sie beim Verfassen der nächsten Klausur achten möchten.

1 Grundlagen: Naturlyrik – Annäherung und Aspekte der Interpretation

1.1 Naturlyrik als Poetry-Slam-Beitrag

S. 4 **1** Bei der Vortragsweise sollte das gespaltene Verhältnis zur Natur zum Ausdruck gebracht werden. Denkbar ist ein unterstützendes Gestikulieren, mit dem die positiven und die negativen Aspekte der Natur verdeutlicht werden.

2 Der Sprecher hat ein gespaltenes Verhältnis zur Natur. Zum einen hebt er ihre Vorzüge hervor und betont dabei die sinnlichen Erfahrungen, die man in der Natur machen kann, z. B. besondere Gerüche und visuelle Eindrücke (Z. 2 ff.). Andererseits verweist der Sprecher in seinem Text darauf, dass die Natur auch unangenehme Seiten hat, z. B. aggressive Insekten oder giftige Pflanzen, Pilze und Tiere. Letztlich verweist der Sprecher jedoch darauf, dass es wichtig ist, die Natur nicht als selbstverständlich anzusehen und daher zu schützen.

S. 5 **3** **a** individuelle Lösung

b Während des Austausches wird die Beziehung zur Natur vermutlich in den unterschiedlichsten Facetten beleuchtet. Dies veranschaulicht im Hinblick auf das Thema Naturlyrik, wie umfangreich auch dort die verschiedenen Aspekte zum Ausdruck gebracht werden können.

4 **a/b** Die Erstellung eines Poetry-Slam-Beitrags eröffnet Ihnen auf kreative Weise, sich Ihr eigenes Verhältnis zur Natur bewusst zu machen. Die Aspekte aus der Information (► S. 6) können dabei unterstützend einbezogen werden. Bei dem Vortrag der einzelnen Beiträge sollte auf eine angemessene Vortragsweise geachtet werden. Zur Inspiration der eigenen Vortragsweise können Sie sich auch den Poetry-Slam-Beitrag von Felix Schreiber anschauen, der auf Youtube abgerufen werden kann.

5 **a** Aufgrund folgender möglicher Aspekte können Poetry-Slam-Beiträge von klassischen Gedichten abweichen:
- größerer Umfang
- fehlender Reim
- fehlende Versform (Strophen)
- im Vordergrund steht die pointierte Präsentation innerhalb eines mündlichen Vortrags

b Der Poetry Slam lässt sich aufgrund folgender Gemeinsamkeiten der Gattung Lyrik zuordnen:
- Verwendung sprachlicher Mittel
- Vorhandensein eines lyrischen Sprechers
- thematischer Schwerpunkt
- rhythmische Vortrags- und Betonungsweise

1.2 Naturlyrik – Motive und Themen in Naturgedichten

S. 7 **1** individuelle Lösung

2 **a** **Bild 1** (Gartenzaun) → **(1)** „Gartenwüste" (2012) von C. Lanre: „kein Unkraut sich mehr regt" (V. 3); „der Buchsbaum pedikürt" (V. 5)
Bild 2 (Moorlandschaft) → **(2)** „Moor im November" (2010) von Alke Bolte: „Tote Birkenstämme" (V. 1); „leblosem Wasser" (V. 2); „bleiche Knochen" (V. 3)
Bild 3 (Heidelandschaft) → **(3)** „Über die Heide" (1875) von Theodor Storm: „Über die Heide" (V. 1); „(...) Der Himmel so leer" (V. 6)
Bild 4 (Waldblumen) → **(4)** „Gefunden" (1815) von J. W. Goethe: „Ein Blümchen stehn" (V. 6); „Wie Sterne leuchtend" (V. 7)

b individuelle Lösung

3 **a** (1) = Motiv der Langeweile
(2) = Motiv des Untergangs
(3) = Motiv der Wiederauferstehung
(4) = Motiv der Erinnerung

b (1) = gebändigte, angepasste Natur in Form eines gepflegten Gartens
(2) = tote, verödete Natur in Form eines scheinbar leblosen Moors
(3) = wiederbelebte Natur in Form eines Blümchens, das verpflanzt wird
(4) = unwirtliche, trostlose Natur in Form einer herbstlichen Heidelandschaft

4

Aspekt	Gedicht	Ausprägung
Natur als vom Menschen geschaffener Ort	Lanre: Gartenwüste	Bearbeitete Natur wirkt künstlich
Lob und Betonung der Schönheit der Natur	Goethe: Gefunden	Natur in Form einer schönen Blume, die jedes Jahr wieder erblüht
Natur als Spiegel der Seele	Storm: Über die Heide	Erinnerungen während des Spaziergangs in der Natur werden reflektiert
Natur als Rückzugsort von der Zivilisation	Goethe: Gefunden	Spaziergang im Wald als freie und absichtslose Betätigung
Natur als Ort der Vergänglichkeit, aber auch des Wiedererwachens	Bolte: Moor im November Goethe: Gefunden	Moorlandschaft im Sinne von Ödnis und Vergehen; Wiedererblühen der Pflanze bei Goethe
Natur als vom Menschen bedrohte Umwelt	Lanre: Gartenwüste	Gezähmte Natur, die durch die strenge Kultivierung ein Artensterben zur Folge hat

1.3 Der Sprecher im Gedicht – Das lyrische Ich

S. 8 **1** „mir“ (V. 8) sowie „mich“ (V. 9)

2 **a** Das lyrische Ich befindet sich in der Natur, nämlich an einem nicht näher bestimmten Ort mit Bäumen („Es rauschen die Wipfel“, V. 1) und Ruinen („die halbversunkenen Mauern“, V. 3) „hinter den Myrtenbäumen“ (V. 5). Die Erwähnung der Myrte lässt vermuten, dass es sich um eine südliche Landschaft handelt. Deutlich wird auch, dass es Nacht ist, da diese in Form einer Personifikation zum lyrischen Ich spricht („Zu mir, fantastische Nacht“, V. 8).

b Markierungen: „Es rauschen die Wipfel und schauern“ (V. 1); „in heimlich dämmernder Pracht“ (V. 6); „Was sprichst du wirr wie in Träumen / Zu mir, fantastische Nacht (V. 8–9); „Es funkeln auf mich alle Sterne“ (V. 9); „Es redet trunken die Ferne“ (V. 11)

Das lyrische Ich nimmt die Natur in diesem Gedicht mit allen Sinnen wahr. Schon zu Beginn wird gesagt, dass es die rauschenden Wipfel der Bäume hört und diese erschauern fühlt. Dadurch wird eine mystische Stimmung erzeugt. Diese Stimmung verstärkt sich in den folgenden Versen, in denen von Ruinen („die halbversunkenen Mauern“, V. 3) und alten Göttern (V. 4) die Rede ist, die das lyrische Ich sieht und fühlt. Hinter den Myrtenbäumen spürt das lyrische Ich die „heimlich dämmernde Pracht“ (V. 6). Auch der „Nacht“ (V. 8) wird durch die Verwendung des Attributs „fantastisch“ eine besondere Bedeutung zugesprochen, die über die gewohnte Wahrnehmung hinausgeht. Die Sterne, die dem lyrischen Ich zufolge allesamt auf es herabfunkeln, führen zu einer besonders intensiven und harmonischen Naturerfahrung. Die übernatürlichen, grenzüberschreitenden Wahrnehmungen gipfeln im Heraufbeschwören einer unbestimmten Ferne, die „trunken“ zum lyrischen Ich redet (V. 11) und so den freudetrunkenen und beseelten Zustand des lyrischen Ichs wiederspiegelt.

c richtige Antwort: Natur im Einklang mit dem lyrischen Ich

Vers, Metrum, Reim, Kadenz – Formaler Aufbau des Gedichts

S. 9 **1**

x ẋ x x ẋ x x ẋ x
Es rauschen die Wipfel und schauern,
x ẋ x x ẋ x ẋ
Als machten zu dieser Stund
x x ẋ x ẋ x x ẋ x
Um die halbversunkenen Mauern
x ẋ x ẋ x x ẋ
Die alten Götter die Rund.

2 Reimform: Kreuzreim; Metrum: unregelmäßig

3 Die formale Gestaltung des Gedichts unterstreicht die Stimmung des lyrischen Ichs. Durch das unregelmäßige Metrum wird die bewegte Stimmung, in die das lyrische Ich beim Betrachten der Natur gerät, besonders gut ausgedrückt. Gleichzeitig wird durch die Regelmäßigkeit der drei Hebungen in jedem Vers die ruhige, gemessene, weihevolle Grundstimmung des lyrischen Ichs betont. Dieses Gleichmaß drückt sich auch in der äußeren Form des Gedichts aus, das aus drei Strophen zu je vier Versen besteht und eine regelmäßige Reimform aufweist, nämlich einen Kreuzreim. Auch die regelmäßige Abfolge der Kadenzen, die abwechselnd weiblich und männlich sind, unterstützt dieses Gleichmaß. Hierdurch wird der harmonische Einklang des lyrischen Ichs mit der Natur betont.

4 Beim Gedichtvortrag sollte darauf geachtet werden, dass die Betonung sowohl der ruhigen, weihevollen Grundstimmung als auch der bewegten Stimmung des lyrischen Ichs in der Natur entspricht. Dafür sollte zum einen das Gleichmaß der drei Hebungen pro Vers beim Vortrag zur Geltung gebracht werden. Zum anderen sollte der bewegte Rhythmus betont werden, der sich im Metrum und in der Hervorhebung einzelner Wörter ausdrückt. Auch das bewusste Setzen von Pausen kann dazu dienen, gleichzeitig die weihevolle Grundhaltung und die emotionale Ergriffenheit des lyrischen Ichs deutlich zu machen.

1.5 Sprachbilder und rhetorische Figuren – Stilmittel in Gedichten

S. 10 **1** **a/b** Zum Gedicht passen die Themen C und D. Thema C lässt sich durch V. 11 f. bestätigen, da hier beschrieben wird, dass die Welt ohne äußere Einflüsse, wie z. B. durch Informationen in Tageszeitungen, „in Ordnung“ (V. 12) erscheint. Dass es sich um die Wahrnehmungen des lyrischen Ichs handelt (Thema D), wird vor allem durch das Bild der harmonisch dahinziehenden Wolken („Ach, die Wolken / Wie Berge ziehen sie über die Wälder“, V. 9 f.) deutlich. Dass sich das lyrische Ich wohlfühlt, lässt sich am besten in V. 13 f. erkennen: „In Pflaumenmuskesseln / Spiegelt sich schön das eigne Gesicht“.

2 Das Gedicht lässt sich in drei Strophen mit je fünf Versen einteilen.
In der ersten Strophe wird eine ruhige Landschaft beschrieben, die von Landwirtschaft geprägt ist.
Anschließend werden verschiedene Ereignisse im August und September beschrieben und Natureindrücke wiedergegeben.
Die dritte Strophe hält fest, dass diese Welt in Ordnung ist, sofern man die äußeren Einflüsse ausblendet. Das Gedicht endet mit zwei herbstlichen Impressionen, nämlich dem Kochen von Pflaumenmus und dem Abbrennen der Felder.

3 **a** Beschreibungen der Landschaft:
- „Dünnbesiedelt das Land.“ (V. 1)
- „riesigen Feldern und Maschinen“ (V. 2)
- „liegen die Dörfer schläfrig (V. 3)
- „Buchsbaumgärten“ (V. 4)
- „unvergiftete Wiesen“ (V. 9)
- „Feuerrot leuchten die Felder.“ (V. 15)

b Gegensätze zur Natur werden z. B. durch „Maschinen“ (V. 2) verdeutlicht, die zugleich einen Eingriff in die unberührte Natur durch den Menschen symbolisieren. Ebenso verweisen die „riesigen Felder“ (V. 2) auf eine profitorientierte Monokultur, die im Gegensatz zur eigentlichen Natur steht. Auch die „Buchsbaumgärten“ (V. 4) weisen auf eine geordnete Kultivierung von Nutz- und Zierpflanzen hin. Die „feuerrot“ leuchtenden Felder (V. 15) stellen ebenfalls einen Eingriff des Menschen in die Natur dar. In diesem Bild drückt sich einerseits das anheimelnde Gefühl des Lebens auf dem Lande im Rhythmus der Jahreszeiten aus. Andererseits kann es aber auch durch den zerstörerischen Aspekt des Feuers als ein Hinweis darauf gedeutet werden, dass die vermeintliche Idylle bedroht ist.

4 Deutungsansatz A kann zugestimmt werden. Dies wird vor allem durch das Adverb „noch“ (V. 8) zum Ausdruck gebracht. Die intensiv betriebene Landwirtschaft und der damit verbundene vermehrte Einsatz von Düngemitteln und Pestiziden birgt Gefahren. In dem Gedicht steckt deshalb die Mahnung, dass der Mensch verantwortungsvoll mit der Natur umgehen sollte, um die Artenvielfalt („Graugans“ und „Storch“, V. 8) und die Intaktheit der Natur („unvergiftete Wiesen“, V. 9) zu erhalten.

S. 11 **5**

Untersuchungsaspekt	Beschreibung	Funktion/Wirkung
Sprachbilder	**Personifikation:** liegen die Dörfer schläfrig (V. 3) **Metapher:** Im August fallen Sterne. (V. 6) Feuerrot leuchten die Felder. (V. 15) **Vergleich:** Wie Berge fliegen sie über die Wälder. (V. 10)	– Beschreibung der ruhigen Atmosphäre der Landschaft – Hinweis auf die Verbundenheit mit allen Naturerscheinungen – Hinweis auf die Schönheit der Natur im Jahresrhythmus und auf eine mögliche Gefährdung der ländlichen Idylle – Beschreibung des gewaltigen Eindrucks, den die Naturerscheinungen machen
Wortwahl	**Neologismen:** Buchsbaumgärten (V. 4) **Adjektive:** schläfrig (V. 3)	– Verdeutlichung der Kultivierung der Natur – Darstellung der friedlichen Landschaft
Klangliche Mittel	**Interjektion:** Ach, die Wolken (V. 9)	– Ausdruck des Überwältigtseins angesichts der gewaltigen Naturerscheinungen
Satz- und Versbau	**Ellipse:** Dünnbesiedelt das Land (V. 1) **Parallelismus:** Im August fallen Sterne. / Im September bläst man die Jagd an. (V. 6–7) **Enjambement:** Noch fliegt die Graugans, spaziert der Storch / Durch unvergiftete Wiesen. (V. 8–9) In Pflaumenmusk esseln / Spiegelt sich schön das eigne Gesicht (V. 13–14) **Anapher:** Im August ... / Im September ... (V. 6–7)	– assoziativer Eindruck der Landschaft – Darstellung der Ordnung innerhalb einer noch intakten Welt – harmonische Darstellung der Natur und Hinweis auf eine mögliche Gefährdung der ländlichen Idylle – Darstellung des Wohlbehagens in der ländlichen Lebenswelt – Betonung der Ordnung innerhalb der Natur

6 Bei dieser Aufgabe sollte darauf geachtet werden, den Dreischritt einzuhalten.
Exemplarische Beispielsätze:
Im Gedicht „Im Sommer" von Sarah Kirsch werden verschiedene sprachliche Mittel verwendet, die die inhaltliche Darstellung der Natur sowie der Landschaft unterstreichen. Die Verwendung der Ellipse „Dünnbesiedelt das Land" (V. 1) charakterisiert diese Landschaft gleich zu Beginn des Gedichts als abgeschieden und beinahe menschenleer. Durch die Unvollständigkeit des Satzes wird dieser Eindruck der Ödnis noch verstärkt. Die Personifikation „liegen die Dörfer schläfrig" (V. 3) betont einerseits die friedliche Stimmung, die auf dem Land fernab der Hektik der Stadt herrscht. Andererseits liegt darin auch ein Hinweis auf eine gewisse Verschlafenheit und Rückständigkeit der Menschen, die in diesen Dörfern leben, was in der Aussage „Wenn man hier keine Zeitung hält / Ist die Welt in Ordnung." (V. 11–12) bekräftigt wird. Immer wieder bezeugt das lyrische Ich seine Liebe zu dieser Landschaft, die bis zu einem Überwältigtsein reichen kann, wie es sich in der Interjektion „Ach" (V. 9) und im Vergleich „die Wolken / Wie Berge fliegen sie über die Wälder" (V. 9–10) ausdrückt. Demgegenüber zeigt sich in den Aussagen „riesige Felder und Maschinen" (V. 2) und „noch (...) unvergiftete Wiesen" (V. 8–9) sowie in dem Neologismus „Buchbaumgärten", dass das lyrische Ich um die Gefährung der Natur durch die Eingriffe des Menschen weiß. Im letzten Vers des Gedichts wird mit der Metapher „Feuerrot leuchten die Felder" (V. 15) das Schwanken des lyrischen Ichs zwischen dem Eingebundensein in die friedliche und harmonische Landschaft im Wechsel der Jahreszeiten und dem Bewusstsein der Gefährdung dieser ländlichen Idylle noch einmal prägnant zum Ausdruck gebracht.

1.6 Naturlyrik in verschiedenen Epochen

S. 12 **1/2**

Schwerpunkt	Eichendorff: Frühlingsnacht	Bleutge: leichter sommer	Stramm: Vorfrühling	Fontane: Mittag	Goethe: Maifest
Thema	Frühling, Natur, Liebe	sommerliche Küstenlandschaft	Wetterphänomene, Krieg	sommerliche Landschaft	Frühling, Natur, Liebe
Stimmung	euphorisch, expressiv	ruhig, meditativ, nüchtern	unruhig, bedrohlich, expressiv	ruhig, harmonisch, meditativ, melancholisch	euphorisch, expressiv
Lyrisches Ich	explizites lyrisches Ich, das die Natur wahrnimmt und seine Stimmung ausdrückt	lyrisches Ich tritt nicht explizit in Erscheinung, beobachtet Natur	lyrisches Ich tritt nicht explizit in Erscheinung, beschreibt sein inneres Erleben anhand von Eindrücken aus der Natur und Bildern aus dem Krieg	explizites lyrisches Ich, das die Natur wahrnimmt und seine Stimmung ausdrückt	explizites lyrisches Ich, das die Natur wahrnimmt und seine Stimmung ausdrückt
Epoche/ Begründung	Romantik – Entgrenzungserfahrung – Liebesglück – Einklang mit Natur – Verzauberung der Welt	Gegenwart – subjektiver Blick auf die Natur – Anzeichen von Eingriffen des Menschen in die Natur	Expressionismus – radikaler Ausdruck – düstere, gewaltsame Naturphänomene als Ausdruck einer von Gewalt und Zerstörung geprägten Welt – Auflösung der äußeren Form	Realistische Strömungen – Darlegung von gesellschaftsferner Naturerfahrung – sinnliches Erleben der Natur	Sturm und Drang – sinnliche Erfahrung – radikales Fühlen – Einheit zwischen Mensch und Natur

Gemeinsamkeiten sind z. B.:
- positive Wahrnehmung der Natur bei Fontane, Eichendorff und Goethe
- gleiche Themen bei Eichendorff und Goethe
- ruhige und meditative Beschreibung der Natur bei Bleutge und Fontane
- explizites lyrisches Ich bei Goethe, Eichendorff und Fontane
- nicht-explizites lyrisches Ich bei Stramm und Bleutge

Unterschiede sind z. B.:
- bedrohliche Darstellung der Natur bei Stramm – harmonische Darstellung der Natur bei Fontane, Goethe und Eichendorff
- euphorische Stimmung bei Eichendorff und Goethe – düstere, bedrohliche Stimmung bei Stramm
- explizites lyrisches Ich bei Goethe, Eichendorff und Fontane, nicht-explizites lyrisches Ich bei Stramm und Bleutge

1.7 Motivähnliche Gedichte interpretieren

S. 14 **1** individuelle Lösung

2 a

Schwerpunkt	Francisca Stoecklin: Bäume	Sarah Kirsch: Unsere Bäume	Kathrin Schmidt: alleen	Sophie Mereau: An einen Baum am Spalier
Situation des lyrischen Ichs	indirektes lyrisches Ich, Ansprache	explizites lyrisches Ich, resümierend	explizites lyrisches Ich, berichtend	explizites lyrisches Ich, Ansprache
Darstellung des Baumes	Bäume werden als höhere Wesen bewundert, die dem Menschen Ruhe spenden können	Baum dient als Metapher für die Gefühlslage des lyrischen Ichs	gefällte Bäume werden bedauert, spiegeln die Gefühlslage des lyrischen Ichs	Baum am Spalier wird bedauert, dient als Metapher für unfreie Menschen
Deutung/ Intention	Wertschätzung der Bäume, Herausstellen der Verbundenheit von Mensch und Baum	Herausstellen der Vergänglichkeit von Bäumen als Metapher für die Vergänglichkeit von Beziehungen	Vorwurf der Zerstörung der Natur durch den Menschen, Herausstellen der Verbundenheit von Mensch und Baum	Herausstellen der Einzwängung und Unterwerfung des Baumes als Metapher für die Einzwängung und Unterwerfung des von Natur aus freien Menschen
Stimmung	ehrfürchtig, andächtig, weihevoll	ernüchtert, resigniert, verbittert	düster, pessimistisch, resigniert	melancholisch, bewegt, betroffen
Natur-Aspekt	– Lob und Betonung der Schönheit der Natur – Natur im Einklang mit dem Menschen	– Natur als Ort der Vergänglichkeit	– Natur als Ort der Vergänglichkeit – Natur als vom Menschen bedrohte Umwelt	– Lob und Betonung der Schönheit der Natur – Natur als vom Menschen bedrohte Umwelt

b Parallelen lassen sich z. B. zwischen folgenden Gedichten finden:
Stoecklin und Mereau: direkte Ansprache an den Baum, Lob und Betonung der Schönheit der Natur
Schmidt und Mereau: Natur als vom Menschen bedrohte Umwelt
Kirsch und Schmidt: Baum als Metapher für die Gefühlslage des lyrischen Ichs, Natur als Ort der Vergänglichkeit

S. 15 **1** **a** richtig ist Lösung D

b Das Motiv der Natur als vom Menschen bedrohte Umwelt ist in allen Gedichten erkennbar, z. B. in folgenden Versen:
Fels: „bevor sie ausgerottet sind“ (V. 6)
Astel: „Planieren die Erde“ (V. 2)
Rathenow: „der Reihe ‚Ausgestorbene Lebewesen‘“ (V. 9)
Enzensberger: „es ist heiß, das gift kocht in den tomaten“ (V. 1)
Becker: „der Kahlschlag, Kieshügel, Krater“ (V. 2)

2 In den Gedichten geht es thematisch um die Zerstörung der Natur.

3 individuelle Lösung

2 Ein Gedicht interpretieren

2.1 Erster Schritt: Die Aufgabenstellung verstehen

S. 17 **1** **a** Der Operator der Aufgabenstellung lautet „interpretieren".
b Der Schwerpunkt der Interpretation liegt auf der Naturwahrnehmung und den Gefühlen des lyrischen Ichs.

2.2 Zweiter Schritt: Erstes Textverständnis und eine Deutungsthese formulieren

1 Das lyrische Ich befindet sich in einem Park zur Mittagsstunde. Es beobachtet Vorgänge in der Natur, die um es herum geschehen. Die Stimmung in dem Gedicht ist harmonisch, wobei gegen Ende des Gedichts auch eine melancholische Gemütslage deutlich wird.

S. 18 **2** individuelle Lösung

3 **a** richtig ist Antwort B
b Dadurch, dass das lyrische Ich seine Wahrnehmung einer von ihm als harmonisch empfundenen Natur wiedergibt, wird der Einklang von Mensch und Natur beschworen. Dieser Einklang wird zudem dadurch deutlich, dass sich das lyrische Ich inmitten der Natur wohlfühlt und zu schlafen bzw. zu träumen beginnt.

4 In dem Gedicht „Mittagszauber" geht es thematisch um ein lyrisches Ich, das sich in einem Park befindet, die Natur beobachtet und dabei einschläft.

S. 19 **5** richtig sind die Deutungsthesen A und C
Deutungsthese A ist richtig, weil die Natur mit Hilfe verschiedener Stilmittel als magisch beschrieben wird. Deutlich wird dies z. B. durch die Metapher „Die Rosen schwer, vom eignen Dufte trunken" (V. 2). Auch Deutungsthese C kann zugestimmt werden, da das lyrische Ich während der Beobachtungen zu träumen beginnt. Dass es in Bann gezogen wird, lässt sich an V. 10 erkennen: „Es flutet über mich mit schwüler Welle". Deutungsthese B kann widersprochen werden, da die Natur nicht als eintönig, sondern ganz im Gegenteil als vielfältig beschrieben wird.

6 Hierbei sollte darauf geachtet werden, dass die Deutungsthese über die Formulierung eines Themensatzes hinausgeht. Zudem ist bedeutsam, dass sich die Deutungsthese nicht nur auf die inhaltliche Darstellung (Handlungsebene) bezieht, sondern einen Wirkungsaspekt berücksichtigt. Die Formulierungsbausteine sollten zur Unterstützung verwendet werden, um eine Deutungsthese einzuleiten.

2.3 Dritter Schritt: Das Gedicht interpretieren

1

Strophe	Inhalt
1	In der ersten Strophe wird die Stille in einem Park zur Mittagszeit beschrieben. Die Pflanzen und Bäume scheinen wie betäubt und schlaftrunken.
2	Es ist sehr still und das lyrische Ich hört nur ab und zu Geräusche, z. B. von Vögeln.
3	Anschließend bekundet das lyrische Ich, dass es selbst verträumt und schläfrig ist. Es beobachtet weitere Naturvorgänge wie das Umherfliegen eines Falters und einer Libelle.
4	Danach beschreibt das lyrische Ich seine inneren Empfindungen, die zwischen lichter Weite und sanfter Melancholie schwanken. Es gleitet langsam in den Schlaf.
5	Bevor das lyrische Ich ganz in den Schlaf und in seine Träume versinkt, nimmt es noch einzelne Natureindrücke wahr.

S. 20 **2** **a** passende Stimmungen des lyrischen Ichs:
verträumt – beobachtend – schläfrig – erholt – entspannt
b Das lyrische Ich wirkt verträumt, was durch die Aussage „Ich selbst verträumt, das Auge sonnenschwer" (V. 9) bekräftigt wird. Zudem kann es als beobachtend beschrieben werden, da es hier und da die Vorgänge innerhalb der Natur beschreibt, z. B. „Ein blauer Falter taumelt um mich her, / Vom Schilfe tönt das Schwirren der Libelle." (V. 9). Auch das Adjektiv „entspannt" passt, da das lyrische Ich zur Ruhe kommt, während es die Natur um sich herum wahrnimmt. Dies wird z. B. in der Aussage „In meiner Seele wird es licht und weit" (V. 13) deutlich.

3 a Das Gedicht „Mittagszauber" besteht aus fünf **Strophen** mit je vier **Versen.** Alle Strophen weisen mit der Reimfolge abab das Reimschema **Kreuzreim** auf. Das **Metrum** ist durchgehend alternierend. Jeder Vers hat fünf **Hebungen.** Die 1. und 3. Verse jeder Strophe enden mit einer betonten **Silbe** (= männliche oder stumpfe Kadenz). Die 2. und 4. Verse jeder Strophe (mit Ausnahme der 4. Strophe) enden mit einer weiblichen Kadenz, d. h. mit einer **unbetonten** Silbe.

b Die Pausen, die durch die Zäsuren entstehen, wirken beruhigend auf die Leserin oder den Leser. Sie verdeutlichen die Stille im Park und die ruhige, schläfrige und verträumte Stimmung des lyrischen Ichs. Sie verstärken zudem der Eindruck, dass sich das lyrische Ich kurz vor dem Einschlafen befindet.

c Das regelmäßige Metrum entspricht auf der formalen Seite den harmonischen Natureindrücken und der ruhigen, schläfrigen und verträumten Stimmung des lyrischen Ichs. Unterstützt wird diese Regelmäßigkeit der Form durch den Kreuzreim, der in allen Strophen vorliegt. Die gleichmäßigen Kadenzen unterstreichen ebenfalls die ruhige Atmosphäre des Gedichts.

S. 21 **4** **a/b**

1: Personifikation → C
2: Ellipse → A
3: Metapher → B
4: Hyperbel → D

5

Untersuchungsaspekt	Beschreibung	Funktion/Wirkung
Sprachbilder	**Personifikation:** – „Der stille Park verträumt" (V. 1) – „Und selbst das Erlenlaub in Schlaf versunken" (V. 4)	– Verdeutlichung der Stille
	Metapher: – „Goldstaub die Luft" (V. 1) – „von weißem Licht umsäumt" (V. 3) – „Es flutet über mich mit schwüler Welle" (V. 10) – „In meiner Seele wird es licht und weit" (V. 13) – „gold´ne Nebel" (V. 16)	– Veranschaulichung der harmonischen Naturbeschreibung und der Stimmung des lyrischen Ichs
	Vergleich: „Ein kurzes Brausen wie versunkne Glocken" (V. 8)	– Überhöhung von Natureindrücken durch besondere Klangassoziationen
Wortwahl	**Neologismen:** „sonnenschwer" (V. 9), „traumesmatt" (V. 19) **Adjektive:** „schwer" (V. 2), „versunken" (V. 4), „still" (V. 5) **Verben der Bewegung:** „taumelt" (V. 11), „sinke" (V. 19), „treibe" (V. 20)	– Hervorheben der Müdigkeit des lyrischen Ichs – Darstellung der Ruhe in der Natur – Verdeutlichung des Zur-Ruhe-Kommens der Natur und des lyrischen Ichs
klangliche Mittel	**Assonanzen:** „dann und wann" (V. 5)	– Betonung des rhythmischen Einklangs innerhalb der Natur
Satz- und Versbau	**Anapher:** „ Und ... / Und ..." (V. 3–4) Ein ... / Ein ... / Ein ..." (V. 6–8)	– Betonung der Harmonie der Natur – Verdeutlichung der flüchtigen Gedanken des lyrischen Ichs
	Ellipse: „Ich selbst verträumt, das Auge sonnenschwer" (V. 9) **Aufzählung:** „Ein Schwanken ist's, ein selig Untergehn. ..." (V. 14)	– Beschreibung der Gefühlslage des lyrischen Ichs, welches immer müder wird
	Parataxe: „Goldstaub die Luft! – Der stille Park verträumt, / Die Rosen schwer, vom eignen Dufte trunken" (V. 1–2)	– assoziative Wahrnehmung der Natur, wirkt friedlich

6 – Mit der Metapher „Goldstaub die Luft" (V.1) wird gleich zu Beginn des Gedichts die warme und friedliche Atmosphäre in der Natur hervorgehoben, die an einen sonnigen Moment erinnert.
- Die assoziative Wahrnehmung der Natur durch das lyrische Ich wird durch den parataktischen Satzbau untermauert (z. B. V. 12–16). Hierdurch wird hervorgehoben, dass sich das lyrische Ich kurz vor dem Einschlafen befindet.
- Die ausdrucksstarken Adjektive „schwer" (V. 2), „versunken" (V. 4) und „still" (V. 5) spiegeln die Friedlichkeit der Natur wider, die zugleich den ruhigen Seelenzustand des lyrischen Ichs bewirkt.
- Die magisch scheinenden Vorgänge innerhalb der Natur werden durch den Vergleich „Ein kurzes Brausen wie versunkne Glocken" (V. 8) verdeutlicht. Somit können sich die Leserinnen und Leser die Geräusche im Park besser vorstellen.

7 Der Titel „Mittagszauber" passt sehr gut zu Inhalt, Form und Sprache des Gedichts, da er bereits auf die Verzauberung des Ichs durch die ruhige und harmonische Atmosphäre des Parks zur Mittagszeit hinweist. So sind die Eindrücke des lyrischen Ichs im Park nicht bloß eine nüchterne Naturwahrnehmung, sondern sie verleihen dem Park einen harmonischen, magischen und beinahe paradiesischen Charakter.

2.4 Vierter Schritt: Den Schreibplan erstellen und den Text schreiben

S. 22 **1**

	Abschnitt	Konkretisierung	Vorarbeiten
Aufgabe 1	Einleitung	– Autorin: Hedwig Dransfeld – Titel: Mittagszauber – Textsorte: Gedicht – Erscheinungsjahr: 1911 – Thema: Naturwahrnehmungen in einem Park	
	Hauptteil I	– Formulierung einer Deutungsthese – Untersuchung der formalen Gestaltung – inhaltliche Zusammenfassung – Stimmung des lyrischen Ichs analysieren – Erfassen und Deuten der Darstellung der Natur – Untersuchung der sprachlichen Mittel	S. 19, 2.2, Aufgabe 5/6 S. 20, 2.3, Aufgabe 3 S. 19, 2.3, Aufgabe 1 S. 20, 2.3, Aufgabe 2
	Schluss	– Zusammenfassung der Ergebnisse	

2 In dem Gedicht „Mittagszauber" von Hedwig Dransfeld aus dem Jahr 1911 geht es thematisch um ein lyrisches Ich, das sich zur Mittagszeit in einem Park befindet, die Natur beobachtet und dabei einschläft.

S. 23 **3** In Vers 5 heißt es, dass die Rosen und das Erlenlaub selbst der Müdigkeit anheimfallen. Dadurch, dass sie personifiziert werden, wird die entspannte und friedliche Atmosphäre des Parks bekräftigt.
Die Ellipsen in der ersten und zweiten Strophe verdeutlichen die assoziativen Gedankengänge des lyrischen Ichs. Sie betonen damit dessen träge und schläfrige Stimmung.
Die Metapher „gold'ne Nebel" (V. 16) ist eine bildliche Umschreibung für den aufkommenden Schlaf des lyrischen Ichs und den Beginn des Träumens, wodurch die fast paradiesisch anmutende Harmonie des Ortes unterstrichen wird.

4/5 mögliche Musterlösung für Einleitung, Hauptteil und Schluss:

Einleitung

In dem Gedicht „Mittagszauber" von Hedwig Dransfeld, 1911 verfasst, geht es thematisch um ein lyrisches Ich, das sich zur Mittagszeit in einem Park befindet, die Natur wahrnimmt und dabei einschläft. Wie zu zeigen sein wird, beschwört das Gedicht den Einklang von Mensch und Natur, welche magisch und beinahe paradiesisch erscheint und dem lyrischen Ich eine Entgrenzungserfahrung eröffnet.	*wichtige Angaben und Thema* *Deutungsthese*

Hauptteil

Das Gedicht besteht aus fünf Strophen mit je vier Versen. Alle Strophen weisen mit der Reimfolge abab das Reimschema Kreuzreim auf. Das Metrum ist durchgehend alternierend. Jeder Vers hat fünf Hebungen. Die 1. und 3. Verse jeder Strophe enden mit einer betonten Silbe (= männliche oder stumpfe Kadenz). Die 2. und 4. Verse jeder Strophe (mit Ausnahme	*Formanalyse* – *Strophen/Verse* – *Metrum* – *Reimschema*

der 4. Strophe) enden mit einer weiblichen Kadenz, d. h. mit einer unbetonten Silbe. Die Pausen, die durch die Zäsuren entstehen, wirken beruhigend auf die Leserin oder den Leser. Sie verdeutlichen die Stille im Park und die ruhige, schläfrige und verträumte Stimmung des lyrischen Ichs. Sie verstärken zudem den Eindruck, dass sich das lyrische Ich kurz vor dem Einschlafen befindet. Das regelmäßige Metrum entspricht auf der formalen Seite den harmonischen Natureindrücken und der ruhigen, schläfrigen und verträumten Stimmung des lyrischen Ichs. Unterstützt wird diese Regelmäßigkeit der Form durch den Kreuzreim, der in allen Strophen vorliegt. Die gleichmäßigen Kadenzen unterstreichen ebenfalls die ruhige Atmosphäre des Gedichts.

– Kadenzen
– Zäsur
Wirkung formaler Aspekte

In der ersten Strophe wird die Stille in einem Park zur Mittagszeit beschrieben. Die Pflanzen und Bäume scheinen wie betäubt und schlaftrunken. Es ist sehr still und das lyrische Ich hört nur ab und zu Geräusche, z. B. von Vögeln. Anschließend bekundet das lyrische Ich, dass es selbst verträumt und schläfrig ist. Es beobachtet weitere Naturvorgänge wie das Umherfliegen eines Falters und einer Libelle. Danach beschreibt das lyrische Ich seine inneren Empfindungen, die zwischen lichter Weite und sanfter Melancholie schwanken. Es gleitet langsam in den Schlaf. Bevor das lyrische Ich ganz in den Schlaf und in seine Träume versinkt, nimmt es noch einzelne Natureindrücke wahr.

Zusammenfassung des Gedichtinhalts

Im Gedicht tritt ein explizites lyrisches Ich in Erscheinung, was am Personalpronomen „Ich" (V. 9) deutlich wird. Es gibt seine vielfältigen Wahrnehmungen und Eindrücke der Natur im Park wieder. Insgesamt ist das lyrische Ich ganz entspannt und wirkt zudem schläfrig und verträumt, was durch die Aussage „Ich selbst verträumt, das Auge sonnenschwer" (V. 9) deutlich wird.

Situation des lyrischen Ichs

Mit einer Vielfalt sprachlicher Mittel wird die Naturwahrnehmung des lyrischen Ichs veranschaulicht und deren Wirkung auf die Leserinnen und Leser verstärkt. So werden gleich zu Beginn des Gedichts mit der Metapher „Goldstaub die Luft" (V. 1) der sonnenbeschienene Park zu einem zauberhaften Ort und der erlebte Augenblick zu einem kostbaren Moment überhöht. Diese Entrücktheit und Übernatürlichkeit der Natureindrücke des lyrischen Ichs werden auch durch den Vergleich „Ein kurzes Brausen wie versunkne Glocken" (V. 8) deutlich. Dadurch erscheint der Park als ein magischer, beinahe paradiesischer Ort.

Erfassen und Deuten der Darstellung der Natur

Die zahlreichen Anaphern (V. 3–4, V. 6–8) veranschaulichen die Aneinanderreihung der einzelnen Naturwahrnehmungen und erzeugen eine monotone Wirkung, die die Schläfrigkeit des lyrischen Ichs betont. Die ausdrucksstarken Adjektive „schwer" (V. 2), „versunken" (V. 4), „still" (V. 5) spiegeln zugleich die Stille und das In-sich-Ruhen der Natur und den ruhigen und schläfrigen Zustand des lyrischen Ichs wider, das sich mit der Natur im Einklang befindet. Auch der Neologismus „sonnenschwer" (V. 9) betont diese innige Verbindung zwischen lyrischem Ich und Natur. Dieser Einklang lässt sich zudem an den verwendeten Verben der Bewegung wie z. B. „taumelt" (V. 11), „sinke" (V. 19), „treibe" (V. 20) erkennen, die auf ein langsames Einschlafen verweisen. Die ruhige und entspannte Stimmung wird durch den parataktischen Satzbau insbesondere gegen Ende des Gedichts untermauert (V. 12–16). Hierdurch wird noch einmal hervorgehoben, dass sich das lyrische Ich kurz vor dem Einschlafen befindet, wodurch sich eine endgültige Verschmelzung des lyrischen Ichs mit der Natur vollzieht.

Wirkung sprachlicher Mittel

Schluss

Die Interpretation des Gedichts ergibt, dass sich Mensch und Natur im Einklang befinden. Die Eindrücke des lyrischen Ichs gehen über die bloße Naturwahrnehmung hinaus ins Magische. Die innige Verbindung der unbewussten Natur und des in den unbewussten Zustand des Schlafs sinkenden lyrischen Ichs wird durch eine Vielfalt sprachlicher Mittel hervorgehoben. Insgesamt vermittelt das Gedicht einen friedlichen, harmonischen und beinahe paradiesischen Eindruck der Natur, der die Leserinnen und Leser in Ruhe und innere Harmonie versetzt.

Rückbezug auf die Deutungsthese

pointiertes Fazit

2.5 Fünfter Schritt: Den eigenen Text überarbeiten

1 **a/b** individuelle Lösung

3 Ein Gedicht mit weiterführendem Schreibauftrag interpretieren

3.1 Erster Schritt: Die Aufgabenstellung verstehen

S. 24 **1** **a** Schlüsselbegriffe und Operatoren:
Zu Aufgabe 1: Interpretieren – im Hinblick auf die Darstellung der Natur
Zu Aufgabe 2: Darstellen – begründen – Merkmale der Epoche des Gedichts „Im Winter“
b richtig sind:
Aufgabe 1: a, c, d, e, f
Aufgabe 2: a

3.2 Zweiter Schritt: Erstes Textverständnis und eine Deutungsthese formulieren

S. 25 **1** Das Gedicht handelt von einer Winterlandschaft, die als sehr düster und öde beschrieben wird. Alles wirkt trist und dem Untergang geweiht.

2 individuelle Lösung

3 passend erscheinen die Begriffe: Untergangsstimmung (V. 12) – Ödnis (V. 1–2) – Abendstimmung (V. 6, V. 8) – Disharmonie (V. 9–10) – Einsamkeit (V. 1–2) – Niedergang (V. 12) – Bedrohlichkeit (V. 4, V. 8, V. 9–10) – Groteske (V. 9–10)

4 richtig ist Deutungsthese B
Deutungsthese A passt nicht, da es in dem Gedicht nicht um die Überlegenheit der Natur geht, sondern um deren Ödnis. Diese passt nicht zum Begriff der Überlegenheit.
Deutungsthese B ist passend, da die Natur tatsächlich als krank und entsetzlich beschrieben wird. Zudem findet das lyrische Ich sich in der Natur nicht mehr zurecht.
Deutungsthese C ist nicht zuzustimmen, da kein Hinweis darauf existiert, dass der Mensch die Natur zerstört hat. Das lyrische Ich findet sich lediglich in einer kranken Natur wieder.

5 Wie zu zeigen sein wird, befindet sich der lyrische Sprecher in einer von ihm als öde und krank empfundenen Natur, von der er sich entfremdet hat und in der er daher keinen Halt mehr finden kann.

3.3 Dritter Schritt: Das Gedicht interpretieren

1 Das Gedicht lässt sich in drei Strophen mit jeweils vier Versen unterteilen. In der ersten Strophe beschreibt das lyrische Ich eine kalte und einsame Winterlandschaft. Es sieht Dohlen am Himmel kreisen und Jäger aus dem Wald kommen. In der zweiten Strophe werden der dunkle, schweigende Wald, ein Feuerschein aus den Hütten und ein in der Ferne hörbarer Schlitten erwähnt. Über allem geht langsam ein grauer Mond auf.
In der letzten Strophe sieht das lyrische Ich ein verblutendes Wild und Raben in blutigen Pfützen. Eindrücke von bebendem Schilfrohr, Frost, Rauch und Leere beschließen das Gedicht.

2 **a** richtig ist Antwort B
Die Beschreibung und Wahrnehmung der kranken Natur kann auf das Innenleben des lyrischen Ichs rückbezogen werden. Deutlich wird dies durch den letzten Vers, da es hier einen Schritt im „leeren Hain“ macht, wodurch es seine Einsamkeit zum Ausdruck bringt.
S. 26 **b** Das lyrische Ich vermittelt seine gegenwärtigen Eindrücke und Wahrnehmungen zumindest dem ersten Anschein nach zusammenhanglos. Der Gedankengang wirkt assoziativ und flüchtig.

3 **a** Anzahl der Strophen: 3; Anzahl der Verse je Strophe: 4; Metrum: regelmäßig; Reimschema: umarmender Reim
b Der gleichmäßige Aufbau des Gedichts *steht im Kontrast zum Inhalt, der eine unheimlich und bedrohlich wirkende Welt thematisiert. Dieser Kontrast erzeugt eine verstörende Wirkung.* / ~~*stimmt mit der harmonischen Stimmung im Gedicht überein und verstärkt diese*~~. Auch das gleichmäßige Reimschema und das weitgehend regelmäßige Metrum unterstreichen *diesen Kontrast* / ~~*diese Harmonie*~~.

4

Untersuchungsaspekt	Beschreibung	Funktion/Wirkung
Sprachbilder	**Personifikation:** „Ein Schweigen in schwarzen Wipfeln wohnt" (V. 5) **Metapher:** – „Ein Feuerschein huscht aus den Hütten" – „der graue Mond" (V. 8) **Farbsymbolik:** „weiß" (V. 1), „schwarzen" (V. 5); „graue" (V. 8); „gelb" (V. 11) **Oxymoron:** „Ein Wild verblutet sanft am Rain" (V. 9)	– düstere Atmosphäre und Unheimlichkeit werden greifbar – Verstärkung der bedrohlichen und unheimlichen Atmosphäre – Kälte und Gleichgültigkeit, Krankheit und Ödnis werden bekräftigt – triste Farben verstärken den Eindruck der kranken, öden, abgestorbenen Natur – verdeutlicht die Gewalt, die der wehrlosen Natur angetan wird; wirkt grotesk und verstörend
Wortwahl	**Adjektive:** „kalt" (V. 1); „einsam", „ungeheuer" (V. 2); „langsam" (V. 8); „sanft" (V. 9); „blutigen" (V. 10); „leeren" (V. 12) **Verben der Bewegung:** „kreisen" (V. 3); „steigen" (V. 4); „huscht" (V. 6); „steigt" (V. 8)	– ausdrucksstarke, zum Teil kontrastiv verwendete Adjektive betonen die düstere und unheimliche Atmosphäre der Natur und das Bild einer öden, kranken und entsetzlichen Welt – veranschaulichen den langsamen, unheimlichen und unaufhaltsamen Untergang der Welt
Klangliche Mittel	**Anapher:** „Der Acker ... / Der Himmel ..." (V. 1–2) „Ein Schweigen ... / Ein Feuerschein ..." (V. 5–6) **Alliteration:** „Ein Schweigen in schwarzen Wipfeln wohnt" (V. 5)	– nüchterne Aufzählung der Eindrücke betont die Ernüchterung des lyrischen Ichs angesichts der Gleichgültigkeit der Natur – verstärkt Gefühl des Unheimlichen und der Bedrohung
Satz- und Versbau	**Parataxe:** „Ein Schweigen ... / Ein Feuerschein ... / Dohlen ... / Und Jäger ..." (V. 1–4) **Parallelismus:** „Ein Schweigen ... / Ein Feuerschein ..." (V. 1–2) **Aufzählung:** „Frost, Rauch, ein Schritt im leeren Hain" (V. 12)	– nüchterne Aneinanderreihung von Hauptsätzen betont die Gleichgültigkeit und Ödnis der Natur – gleicher, sich wiederholender Satzbau betont ebenfalls die Gleichgültigkeit und Ödnis der Natur – Aneinanderreihung von negativen Naturwahrnehmungen bekräftigen die Einsamkeit und Verlorenheit des lyrischen Ichs

S. 27 **5** Siehe den entsprechenden Abschnitt innerhalb der kompletten Interpretation (Hauptteil I).

Zum 2. Aufgabenteil: Einordnung des Gedichts in die Epoche

1
- Zeitraum: 1910–1924
- Bekannte Autoren: August Stramm, Georg Trakl, Georg Heim, Else Lasker-Schüler, Alfred Lichtenstein
- Merkmale:
  → Form: häufig einheitliche Form, die gegensätzlich zum Inhalt steht; aber auch uneinheitliche Form, die expressiven Inhalt des Gedichts widerspiegelt
  → Sprache/Rhetorik: Farbsymbolik, Oxymoron, Verben der Bewegung, expressive Adjektive/Verben
- Motive: Untergang, Entfremdung von der Natur, Krieg, Ich-Störung, Wahnsinn, Großstadt
- Historischer Hintergrund: Bedrohung durch Halleyschen Kometen, Untergang der Titanic, 1. Weltkrieg

S. 28 **2**
- Jahr der Gedichtentstehung: 1913
- Georg Trakl als typischer Vertreter des Expressionismus
- Motiv des Gedichts: Entfremdung von der Natur – Beispiel: „Frost, Rauch, ein Schritt im leeren Hain." (V. 12) / Natur als kranker und trister Ort – Beispiel: „Ein Wild verblutet sanft am Rain / Und Raben plätschern in blutigen Gossen." (V. 9–10)
- formale Merkmale: klare und harmonische Struktur steht im Widerspruch zum Inhalt des Gedichts
- sprachliche Merkmale: auffallende Farbsymbolik sowie ausdrucksstarke Adjektive; teilweise groteske Sprachbilder (z. B. Oxymoron) zur Verstärkung der bedrohlichen und unheimlichen Atmosphäre sowie der Verdeutlichung der Entfremdung des lyrischen Ichs von der Natur

3.4 Vierter Schritt: Den Schreibplan erstellen und den Text schreiben

1

Einleitung	**Hauptteil I**	**Schluss**	**Hauptteil II**
Autor, Titel, Textsorte, Erscheinungsjahr, Thema	– Deutungsthese formulieren – Untersuchung der formalen Gestaltung – inhaltliche Zusammenfassung – Analyse der Situation des lyrischen Ichs – Erfassen und Deuten der Darstellung der Natur – Untersuchung der sprachlichen Mittel	– Fazit	– Darstellung der Epoche – Begründung epochentypischer Merkmale im Gedicht

2 a Passende Einleitungssätze sind A und C.
Beide Sätze geben das Thema des Gedichts treffend wieder, ohne dabei in die Deutungsebene zu gelangen bzw. ohne zu sehr Einzelheiten zu betonen.

b individuelle Lösung

S. 29 **3/4/5** mögliche Musterlösung für Einleitung, Hauptteil I, Schluss und Hauptteil II:

Einleitung

Das Gedicht „Im Winter" von Georg Trakl aus dem Jahr 1913 handelt von einer Winterlandschaft, die als sehr düster und öde beschrieben wird. Alles wirkt trist und dem Untergang geweiht. Wie zu zeigen sein wird, fühlt sich der lyrische Sprecher des Gedichts von dieser düsteren Natur entfremdet und kann keinen Halt mehr in ihr finden.

wichtige Angaben und Thema
Deutungsthese

Hauptteil I

Das Gedicht besteht aus drei Strophen zu jeweils vier Versen. Der gleichmäßige Aufbau des Gedichts steht im Kontrast zum Inhalt, der eine unheimlich und bedrohlich wirkende Welt thematisiert. Auch das gleichmäßige Reimschema – ein umarmender Reim –, die regelmäßige Abfolge der Kadenzen in jeder Strophe und das weitgehend regelmäßige Metrum mit vier Hebungen in jedem Vers unterstreichen diesen Kontrast. Die Verse, in denen das einheitliche Metrum durchbrochen wird, wie beispielsweise die Verse 2 bis 6, 10 und 12, können als Anzeichen der inhaltlichen Disharmonie gedeutet werden. Besonders die Betonung des Wortes „Frost" in Vers 12 kann dabei sinnbildlich als Ausdruck der Stimmung des gesamten Gedichts aufgefasst werden.

Formanalyse
– Strophen/Verse
– Metrum
– Reimschema
Wirkung formaler Aspekte

In der ersten Strophe beschreibt das lyrische Ich eine kalte und einsame Winterlandschaft. Es sieht Dohlen am Himmel kreisen und Jäger aus dem Wald kommen. In der zweiten Strophe werden der dunkle, schweigende Wald, ein Feuerschein aus den Hütten und ein in der Ferne hörbarer Schlitten erwähnt. Über allem geht langsam ein grauer Mond auf. In der letzten Strophe sieht das lyrische Ich ein verblutendes Wild und Raben in blutigen Pfützen. Eindrücke von bebendem Schilfrohr, Frost, Rauch und Leere beschließen das Gedicht.

Zusammenfassung des Gedichtinhalts

Situation des lyrischen Ichs

Im Gedicht gibt sich kein explizites lyrisches Ich zu erkennen, da kein entsprechendes Pronomen vorliegt. Stattdessen werden die Eindrücke und Wahrnehmungen des lyrischen Ichs in der Natur zumindest dem ersten Anschein nach assoziativ und zusammenhanglos wiedergegeben. Es handelt sich um scheinbar vertraute Eindrücke einer Winterlandschaft, die aber durch die Art und Weise, in der sie vom lyrischen Ich beschrieben werden, verstörend und grotesk wirken. Dadurch ergibt sich eine Doppelbödigkeit, in der aufscheint, dass die alte, vertraute Welt in den Augen des lyrischen Ichs unterhöhlt ist und zu einer unheimlichen und bedrohlichen Kulisse geworden ist, wovon die Dohlen (V. 3), die Jäger (V. 4), der huschende Feuerschein (V. 6), das verblutende Wild (V. 9) und die Raben in blutigen Gossen (V. 10) zeugen. In dieser kalten und teils unterschwellig, teils offen von Gewalt geprägten Natur fühlt sich das lyrische Ich nicht mehr heimisch, sondern vollkommen fremd. Dies wird besonders im letzten Vers deutlich, in dem von einem „Schritt im leeren Hain" (V. 12) die Rede ist, der die existenzielle Einsamkeit des lyrischen Ichs zum Ausdruck bringt.

Erfassen und Deuten der Darstellung der Natur

Wirkung sprachlicher Mittel

Verschiedene sprachliche Mittel verdeutlichen die Art und Weise, in der das lyrische Ich die Natur wahrnimmt. Die Anaphern „Der Acker ... / Der Himmel ..." (V. 1–2) und „Ein Schweigen ... / Ein Feuerschein ..." (V. 5–6) betonen durch die nüchterne Aufzählung der Eindrücke die Ernüchterung des lyrischen Ichs angesichts der Kälte und der Gleichgültigkeit der Natur und des Himmels. Mit der Personifikation „Der Himmel ist einsam und ungeheuer" (V. 2) stellt das lyrische Ich die Abwesenheit eines Gottes fest. Gleichzeitig spiegelt sich darin dessen innere Befindlichkeit wider, da es sich einsam und verloren unter diesem unermesslich weiten und leeren Himmel fühlt. Die über dem Weiher kreisenden Dohlen (V. 3) und die aus dem Wald kommenden Jäger (V. 4) können als Metaphern für Tod und Gewalt gelesen werden, wodurch sich der Eindruck der düsteren und bedrohlichen Atmosphäre verstärkt. Durch die Alliteration „Ein Schweigen in schwarzen Wipfeln wohnt" (V. 5) verdichtet sich dieses Gefühl des Unheimlichen und der Bedrohung. Die in dem Vers enthaltene Personifikation lässt die düstere Atmosphäre und die Unheimlichkeit noch greifbarer werden. Es scheint, als wäre der dunkle Wald zum Schauplatz eines Verbrechens geworden, das verheimlicht werden soll. Hierzu passt die Metapher „Ein Feuerschein huscht aus den Hütten" (V. 6), die das Bedrohliche des Feuers und die Heimlichkeit des Huschens zu einem unheimlichen Bild zusammenfügt.
Das Feuer wird gleichsam personifiziert und als Mittel des menschlichen Zerstörungswillens gezeigt. Lediglich die Schellen eines Schlittens scheinen ein heimeliges, tröstliches Gefühl zu vermitteln, sind aber nur „sehr fern" zu hören (V. 7) und lassen so die Einsamkeit und Verlorenheit des lyrischen Ichs nur umso stärker spüren. Durch den aufsteigenden grauen Mond werden die Kälte und Gleichgültigkeit des Himmels und die Krankheit und Ödnis der Natur noch einmal bekräftigt. Auch der Mond wirkt aufgrund der Farbe „grau" (V. 8) nicht lieblich und tröstend, sondern wie ein großer Stein, der völlig gleichgültig seine Bahn am Himmel zieht. Weitere Farben, die die Kälte, Gleichgültigkeit und Unheimlichkeit der Natur symbolisieren, sind die Farben Weiß in Vers 1, Grau in Vers 8 und Schwarz in Vers 5. Auch die Dohlen und die Raben sind grau bzw. schwarz und verkörpern Unheil und Tod. Die Farbe Gelb in Vers 11 verstärkt den Eindruck der kranken, öden, abgestorbenen Natur. Die Farbe Rot, die in Vers 8–9 mit dem Blut assoziiert wird, steht für Gewalt, Zerstörung und Tod. Das Oxymoron „Ein Wild verblutet sanft am Rain" (V. 9) verdeutlicht die Gewalt, die der wehrlosen Natur angetan wird. Es wirkt durch den starken Kontrast der beiden Wörter „verblutet" und „sanft" grotesk und verstörend. Noch grotesker und verstörender erscheint das Bild der Raben, die „in blutigen Gossen" „plätschern" (V. 10) – ein albtraumhaftes Bild, das in seiner Unvermitteltheit und Unerklärlichkeit schockierend wirkt. In der Personifikation „Das Rohr bebt gelb und aufgeschossen" (V. 11) verbinden sich gleichsam die Erschütterung des lyrischen Ichs und die Bewegung des Schilfrohrs angesichts der ungeheuerlichen Vorgänge in der Natur und der grausamen Gewalt, die der wehrlosen Natur angetan wird. Die Aufzählung „Frost, Rauch, ein Schritt im leeren Hain" (V. 12) fasst die Kälte, die Zerstörung und die Leere in einem Vers zusammen und bekräftigt damit die kalte Gleichgültigkeit der Natur und die Einsamkeit, Verlorenheit und Entfremdung des lyrischen Ichs.

Schluss

Die Interpretation des Gedichts bestätigt die Entfremdung des lyrischen Ichs von der Natur. Dies wird besonders im letzten Vers deutlich, der die existenzielle Einsamkeit des lyrischen Ichs zum Ausdruck bringt. Die alte, vertraute Welt ist in den Augen des lyrischen Ichs unterhöhlt und zu einer unheimlichen und bedrohlichen Kulisse geworden, in der sich Gewalt und Tod ganz offen zeigen.	*Rückbezug auf die Deutungsthese* *pointiertes Fazit*

Hauptteil II

Das Gedicht „Im Winter“ ist 1913, also in der Epoche des Expressionismus, entstanden. Der Epochenbezug wird im Gedicht vor allem durch die eindringliche Darstellung der Entfremdung des Menschen von der Natur deutlich. Der lyrische Sprecher empfindet diese als düsteren, öden und unheimlichen Ort, in dem eine unterschwellige Bedrohung durch eine anonyme Gewalt spürbar ist, die sich am Ende des Gedichts offen zeigt. Ein weiteres typisches Motiv der Epoche, das auch im Gedicht „Im Winter“ von Trakl wiederzufinden ist, ist das Motiv des Untergangs. Die alte und vertraute Welt ist zusammengebrochen und dem Untergang geweiht, was durch kontrastive, verstörende und groteske Bilder wie dem sanft verblutenden Wild und den in blutigen Gossen plätschernden Raben ausgedrückt wird. Auch der leere und ungeheure Himmel, der die Abwesenheit eines Gottes und damit das Fehlen jeglicher Hoffnung auf Beistand, Trost oder Rettung anzeigt, ist in diesem Zusammenhang zu nennen. Die zahlreichen sprachlichen Besonderheiten wie die expressiven Adjektive und Verben sowie die auffallende Farbsymbolik – Weiß für Kälte, Grau für Nüchternheit und Gleichgültigkeit, Gelb für Absterben, Rot für Gewalt, Schwarz für Bedrohung und Tod – sind ebenfalls typische Merkmale der Epoche im Gedicht. Auch der Kontrast zwischen der regelmäßigen formalen Gestaltung und dem disharmonischen Inhalt des Gedichts findet sich in zahlreichen anderen Gedichten der Epoche des Expressionismus wieder.	*Einordnung des Gedichts in die Epoche*

3.5 Fünfter Schritt: Den eigenen Text überarbeiten

1 **a/b** individuelle Lösung

Autoren- und Quellenverzeichnis

S. 4: **Florian Schreiber,** Natur ist ... (Auszug). Quelle: www.youtube.com;

S. 6: **C. Lanre,** Gartenwüste. Quelle: www.die-klimaschutz-baustelle.de; **Alke Bolte,** Moor im November. Quelle: gedichte.xbib.de (Die Deutsche Gedichtebibliothek); **J. W. Goethe,** Gefunden. Aus: Conrady, Das Buch der Gedichte, Herausgegeben von Hermann Korte, Cornelsen Verlag, Berlin, 2006, S. 172; **Theodor Storm,** Über die Heide. Aus: Conrady, Das Buch der Gedichte, Herausgegeben von Hermann Korte, Cornelsen Verlag, Berlin, 2006, S. 311;

S. 8: **Joseph von Eichendorff,** Schöne Fremde. Aus: Joseph von Eichendorff, Werke, Herausgegeben von Wolfgang Frühwald, Deutscher Klassiker-Verlag, Frankfurt am Main, 1985–1993;

S. 10: **Sarah Kirsch,** Im Sommer. Aus: Rückenwind. Ebenhausen: Langewiesche-Brandt, 1977, S. 12;

S. 12: **Joseph von Eichendorff,** Frühlingsnacht. Aus: Joseph von Eichendorff, Werke, Herausgegeben von Wolfgang Frühwald, Deutscher Klassiker-Verlag, Frankfurt am Main, 1985–1993; **August Stramm,** Vorfrühling. Aus: August Stramm: Das Werk. Lyrik und Prosa, Limes Verlag, Wiesbaden, 1963; **Theodor Fontane,** Mittag. Aus: Conrady, Das Buch der Gedichte, Herausgegeben von Hermann Korte, Cornelsen Verlag, Berlin, 2006, S. 312; **Nico Bleutge,** leichter sommer. Quelle: www.lyrikline.org; **J. W. Goethe,** Maifest (Auszug). Aus: Conrady, Das Buch der Gedichte, Herausgegeben von Hermann Korte, Cornelsen Verlag, Berlin, 2006, S. 153;

S. 14: **Francisca Stoecklin,** Bäume. Aus: Francisca Stoecklin: Lyrik und Prosa, Herausgegeben von Beatrice Mall-Grob, Haupt Verlag, Bern, Stuttgart, Wien, 1994; **Sarah Kirsch,** Unsere Bäume. Aus: Sarah Kirsch: Sämtliche Gedichte, Deutsche Verlags-Anstalt, München, 2005; **Kathrin Schmidt,** alleen. Aus: Flussbild mit Engel. Gedichte. München: Demand Verlag, 2000, S. 20; **Sophie Mereau,** An einen Baum am Spalier. Aus: Sophie Mereau-Brentano: Ein Glück, das keine Wirklichkeit umspannt: Gedichte und Erzählungen, Herausgegeben von Katharina von Hammerstein, Deutscher Taschenbuch Verlag, München, 1997;

S. 15: **Ludwig Fels,** Fluchtweg. Aus: Der Anfang der Vergangenheit. München: Piper, 1984, S. 94; **Arnfried Astel,** Grünanlage. Aus: Gespräch über Bäume, Reclam Verlag, Stuttgart, 2021, S. 119; **Lutz Rathenow,** 2084. Aus: Der Wald. Gedichte, Hrsg. Hartmut Vollmer. Reclam Verlag, Stuttgart, 2008/2014; **Hans-Magnus Enzensberger,** Fremder Garten. Aus: Deutsche Naturlyrik, Reclam Verlag, Stuttgart, 2012, S. 155; **Jürgen Becker,** Natur-Gedicht. Aus: Das Ende der Landschaftsmalerei. Frankfurt/Main: Suhrkamp, 1974, S. 34;

S. 16: **Hedwig Dransfeld,** Mittagszauber. Aus: Frauenlyrik der Gegenwart: Eine Anthologie, Herausgegeben von Margarete Huch und M. H. Gareth, Eckardt Verlag, Leipzig, 1911;

S. 24: **Georg Trakl,** Im Winter. Aus: Georg Trakl: Dichtungen und Briefe, Herausgegeben von Walther Killy und Hans Szklenar, Otto Müller Verlag, Salzburg, 1969

Bildquellenverzeichnis

S. 4: Nose for photography-pascal Moors (Florian Schreiber); **S. 6:** imago images/U. J. Alexander (Zaun), stock.adobe.com/wlado74 (Moor), Shutterstock.com/Sara Winter (Heidelandschaft), stock.adobe.com/Laura Pashkevich (Pflanzen im Wald); **S. 12:** akg-images (Obstgarten im Frühling); **S. 13:** akg-images (Wanderer über dem Nebelmeer), akg-images/WHA/World History Archive (Der Schrei); **S. 14:** Shutterstock.com/renestev (Baum am Spalier); **S. 15:** Shutterstock.com/Marten_House (Naturzerstörung)

Redaktion: Jörg Ratz
Umschlaggestaltung: Studio SYBERG, Berlin (Foto: stock.adobe.com / Gina Sanders)
Layout und technische Umsetzung: Straive, Chennai

www.cornelsen.de

1. Auflage, 1. Druck 2023

Alle Drucke dieser Auflage sind inhaltlich unverändert und können im Unterricht nebeneinander verwendet werden.

Druck: Athesiadruck GmbH

ISBN 978-3-06-200344-8

PEFC
PEFC/18-31-166

PEFC zertifiziert
Dieses Produkt stammt aus nachhaltig bewirtschafteten Wäldern und kontrollierten Quellen.
www.pefc.de